Una resortera
para las palabras

Ramón Iván Suárez Caamal

ola
PUBLISHING
INTERNACIONAL

ISBN: 978-1-63765-048-6

ola
PUBLISHING
INTERNACIONAL

Eugenio Sue 79, Int. 104, Colonia Polanco,
Ciudad de México, México 11550
México: 55-5250-8519
www.holapublishing.com

Impreso y encuadernado en los Estados Unidos de América

Para mi esposa Suemi,
mis hijos Citllalli, Meztli y Omar
y para mi nieta Malaika

Índice

Palabras preliminares 5

Lección 1. La capacidad de crear y el color
de las emociones 29

Lección 2. La imaginación 40

Lección 3. El juego de las formas y el matrimonio
de las palabras 48

Lección 4. Animales poéticos 1 55

Lección 5. Si de mentir se trata… 63

Lección 6. Las palabras-espejo/los espejos-
palabras 72

Lección 7. Las greguerías 80

Lección 8. Caligramas 89

Lección 9. El corazón sabe su ritmo 98

Lección 10. Preguntas que se preguntan solas 128

Lección 11. La música de los nombres 134

Lección 12. ¡Infracciones y hallazgos! Juegos
con los sonidos 143

Lección 13. ¡Confusión de confusiones!
La sinestesia 155

Lección 14. Trueques, préstamos,
combinaciones 162

Lección 15. El camaleón de la metáfora   171

Lección 16. Haikú: el universo en una gota
de rocío   186

Lección 17. Tu palabra, una varita mágica   196

Lección 18. Poemas descriptivos y emotividad   207

Lección 19. Coplas, pregones, canciones
de cuna   213

Lección 20. Las retahílas   224

Lección 21. Adivina adivinador   234

Lección 22. Cántame un cuento/cuéntame
un canto   245

Lección 23. El humor hace cosquillas   255

Lección 24. El calambur y los palíndromos   273

Lección 25. Temas perturbadores   282

Lección 26. La canción: lenguaje de
los sentimientos   290

Lección 27. Estructura del libro de poemas
para niños   298

Algunas lecturas recomendadas   302

PALABRAS PRELIMINARES

Cómo acercar la poesía a los niños
Y a los que quieren escribirla…

Este no es un recetario para escribir poemas, tan solo una serie de pistas para aquellos que quieran crear textos interesantes para el lector infantil. Estas reflexiones proceden de una lectura hasta cierto punto exhaustiva de lo escrito para los niños en el ámbito de la lírica, así como de las opiniones de ensayistas y poetas que han bordado sus ideas en torno a la poesía que se hace para la infancia.

1. ¿Existe una poesía infantil?

El primer punto que se discute es si existe una poesía para los niños. Las opiniones son encontradas entre los que defienden la postura de que no hay poesía para los niños sino solamente poesía a secas, que puede ser interesante para ese público lector y cuyos valores son estéticos, y los que afirman que sí se escribe una poesía para los niños características propias. Transcribo las palabras de Juan Domingo Argüelles:

> No hay poesía ni poetas para niños, me temo. Lo que hay es poesía (pésima, mala, regular, buena, excelente, extraordinaria, espléndida o genial) que, por sus características lúdicas, puede dialogar mucho más fácilmente con los niños. Muchos de los grandes libros "para niños" no fueron escritos originalmente para ellos, sino para todo lector atento, sensible e inteligente, dando por descontado que los niños pueden ser lectores muy atentos, muy sensibles y muy inteligentes.
>
> En realidad, los poetas que han acertado en el lenguaje de la poesía que dialoga más fácilmente con los niños, no escriben para los niños sino para sí mismos y desde los niños que fueron y en los que ahora se ven

reflejados: sus hijos, e incluso sus padres y sus abuelos; esos padres y esos abuelos que pueden ser exactamente como niños.[1]

Coincido con Juan Domingo Argüelles en sus apreciaciones y ahondo en aquellos atributos de la poesía cercana al lector infantil: además del carácter lúdico están la musicalidad, el humor, la imaginación, una temática cercana a sus intereses. Transcribo las palabras de Pilar Muñoz Lascano y María Victoria Ramos:

> Primero se discutió la existencia de una literatura infantil y qué características la definían. Luego le llegó el turno a la literatura juvenil. Y ahora es el momento de la poesía, ¿existe una poesía infantil? La poesía para niños, ¿es la escrita para la infancia, la publicada para estos destinatarios o la que los niños se apropian y disfrutan? Creemos que se trata de una poesía que pueden escuchar, leer y disfrutar también los niños. Pensamos en un concepto inclusivo, sin delimitar si fue o no escrita o publicada para ellos exclusivamente.

> A su vez, partimos de la idea de que ante todo tiene que tratarse de poesía y que el adjetivo "infantil" debe ser un atributo secundario, tal como señala María Teresa Andruetto,[2] en *Hacia una literatura sin adjetivos*, en relación a la literatura infantil en general.

> El gran peligro que acecha a la literatura infantil y a la juvenil en lo que respecta a su categorización como literatura, es justamente el de presentarse a priori como infantil o como juvenil. Lo que puede haber de "para niños" o "para jóvenes" en una obra debe ser secundario y venir por añadidura, porque el hueso de un texto capaz de gustar a lectores niños o jóvenes no proviene tanto de su adaptabilidad a un destinatario sino sobre todo de su calidad, y porque cuando hablamos de escritura de cualquier tema o género, el sustantivo es siempre más importante que el adjetivo. De todo lo que tiene que ver con la escritura, la especificidad de destinatario es lo primero que exige una mirada alerta, porque es justamente allí donde más fácilmente anidan razones morales, políticas y de mercado.[3]

---

[1] http://www.jornada.unam.mx/2006/01/15/sem-juan.html

[2] http://www.imaginaria.com.ar/2008/11/hacia-una-literatura-sin-adjetivos/

[3] http://www.imaginaria.com.ar/2011/06/con-la-profundidad-del-mar-y-la-levedad-de-la-espuma-un-recorrido-por-la-poesia-infantil-argentina

2. La mirada y la escritura

¿Quién dice y desde quién?

El primer aspecto a explorar "es desentrañar los modos en que la autoficción, asumida por lo general desde la literatura 'adulta', es desplegada en el espacio de lo infantil, donde se ve favorecida por la directriz lúdica que recorre a los textos de este ámbito", según palabras de Roberto Cabrera Valderrama.[4] En "Nadar-en-aguas-inquietas-una-aproximacion-a-la-poesia-infantil-de-hoy",[5] Cecilia Bajour nos expresa sus observaciones:

> ¿Desde dónde dicen lo que dicen los poemas para niños que se escriben en estos días en nuestras lenguas? ¿Desde quién lo dicen? ¿Qué ideas de niño y de adulto y de la relación entre ambos parecen estar detrás de esas posiciones del sujeto que entabla una relación con el objeto o los objetos dichos por el poema?

Esto nos lleva a preguntarnos:

1. ¿Cuál es el yo lírico que escribe y ajusta las tonalidades de su voz?
2. ¿Desde dónde su mirada recorre y se expande sobre los temas de sus versos?
3. ¿Cómo se posiciona o apropia de su decir en la construcción de sus textos?

Y la sigo en sus reflexiones cuando asienta que no necesariamente el yo lírico es el yo real del poeta adulto o el del niño que fue, ni las experiencias escritas son las suyas —aunque puedan serlo. Se pueden crear historias e inventar personajes que nos presten su voz. Aunque igualmente es posible escribir en tercera persona sin que implique un alejamiento. Se usa igualmente un diálogo del adulto-poeta con el niño que alguna vez fue. Dice Bajour: "En el caso de la poesía infantil, a las múltiples

---

[4] http://www.revistalaboratorio.cl/2012/12/duplicados-del-yo-autorial-en-la-literatura-infantil-maniobras-autoficcionales-en-anthony-browne-y-gilles-bachelet

[5] http://www.imaginaria.com.ar/2013/09/nadar-en-aguas-inquietas-una-aproximacion-a-la-poesia-infantil-de-hoy/

invenciones del 'yo' se agrega un elemento específico (...) que tiene que ver con la mirada de infancia, ya sea encarnada en la ficcionalización de un yo infantil o mediatizada por una voz adulta que intenta aproximarse a la mirada de los niños o representar de diversas maneras un modo de mirar el mundo que los incluye".[6]

¿DE QUÉ HABLA?

Es necesario que sepamos acercarnos a los asuntos que son de interés para los niños. Parafraseando el refrán podemos decir que "todo cabe en su mirada sabiéndolo acomodar". Así que forman parte de su interés sus juguetes y sus juegos, los cantos que canta y vienen de la tradición, los objetos —diminutos o no—, los animales —también diminutos o no—, sus amores y afectos, sus temores, el entorno familiar, los paisajes cercanos o los mundos imaginados y absurdos, los cuentos y sus personajes, los acertijos, etcetera.

¿CÓMO LO ESCRIBE?

Aquí está el quid del asunto: los modos con los que el poeta se acerca a la realidad y la dibuja para que interese a su público infantil. ¿Cómo escribir poemas sencillos, que no simples, con la estructura formal y estética de las obras de arte y que sean valiosos para los niños y para los adultos que conservan la curiosidad?

Un primer acercamiento es a través de la curiosidad y el juego. Los niños desarman sus juguetes y los vuelven a armar. Con esa misma intencionalidad el poeta podría convertir los poemas en juguetes verbales, despojar a las palabras de sus significados comunes para nombrar de nuevo el mundo de una manera imaginativa, caprichosa y aun absurda. Hay que relacionar con libertad total elementos que no tienen el mínimo parecido, con una mirada curiosa e imaginativa ver la realidad circundante, animar lo inanimado, subvertir las relaciones lógicas, desautomatizar las frases, a fin de llegar a metáforas que asombren nuestra mirada: una hoja seca platica con una piedra, un baúl se niega a que lo abra su dueño, traducimos el concierto matutino de las aves al idioma humano, viajamos por los países que están en las manchas de humedad en la pared o hacemos recuentos de especies animales extrañas hasta reunir bestiarios.

---

[6] *Ibídem.*

Con humor llegar a lo absurdo. Igualmente se puede partir de situaciones cotidianas para poetizarlas: los trabajos de las personas a partir de una visión nueva de sus quehaceres. La poesía tradicional es reencauzada a lo asombroso: escribir un arrullo al reloj, un pregón de cosas imposibles, personajes de cuentos que se conducen de modo distinto en jocosas parodias. Lo importante es "la búsqueda del tono poético infantil: ¿cuáles son las maneras con las que los niños ven poéticamente el mundo? ¿Cómo lo dicen y, sobre todo, inventiva, experimentación —desarmando la lengua como si se tratara de un juguete y armándola bajo una forma completamente nueva— y humor: disfrute de la vida que despliega su ahora. ¿Qué es lo que importa, a fin de cuentas, cuando alguien escribe un libro de poemas si quiere llegar al público infantil? Mirar desde los ojos de un niño, imaginar y jugar desde los ojos asombrados del niño que le hace preguntas a la vida.

Si quisiéramos esquematizar lo arriba anotado, podríamos apuntar algunos enfoques de la poesía que se escribe con miras a que interese a los niños:

EL POETA REGRESA A SU INFANCIA Y LA EVOCA

Los autores evocan las experiencias vividas en su niñez y proyectan una imagen ideal de éstas, enfocadas desde una perspectiva indudablemente adulta, imbuidos de nostalgia por su infancia perdida. Aunque en muchos casos sean excelentes creaciones artísticas, no siempre responden a los intereses y necesidades de los niños y, por lo tanto, las más de las veces no atraen al lector infantil, ya que mediante estos textos son los adultos quienes se satisfacen con la formulación de sus más entrañables recuerdos, sin que contemplen en absoluto las exigencias de los pequeños destinatarios a los que pretenden dedicarlos.

Es preciso no olvidar que los niños viven con nosotros y no como nosotros. Su carencia del sentido del fluir del tiempo los sumerge en un presente en apariencia inmutable. Ellos viven su infancia, no son melancólicos espectadores ni la consideran un dorado paraíso que fatalmente habrán de perder. Por el contrario, el niño que cada escritor adulto fue, contempla frecuentemente a los niños de hoy a través de los ojos del hombre que lo desalojó y es así cómo su visión sobre las cosas difiere radicalmente de la de la infancia contemporánea. Por tanto, no son estos los textos adecuados para motivar la lectura en la infancia (aunque hay excepciones). Para ejemplificar, transcribo un fragmento de un poema de Alfonso Reyes:

SOL DE MONTERREY[7]

No cabe duda: de niño,
a mí me seguía el sol.
Andaba detrás de mí
como perrito faldero;
despeinado y dulce,
claro y amarillo:
ese sol con sueño
que sigue a los niños…

Existe una variante a ese asomo nostálgico a la infancia. Si bien se llega a ella como a esa edad dichosa que fue, aquí, quien muestra, dice, es un niño (tal vez el propio autor —o parte de él—) y, desde esa mirada, se vive un pasado en tiempo presente. La "voz" es la de un niño (nótese que en el poema de Reyes la voz lírica es la de un adulto).

MADRE HUMO[8]

Madre,
dibujo en el piso tu silueta,
duermo en tu vientre.
Así la noche no podrá sacarme el corazón.
Pongo dos pétalos sobre tus ojos
y una pequeña cruz de cedro en tu mano derecha;
en tu izquierda, la mía, diminuta.
Quiero acercarme al rincón más tibio del mundo
para que el invierno deje de mostrarme su rostro.
Madre de humo,
mira cómo el tizne pinta mis ojeras;
soy una espina de la rosa que fuiste.
Si tiemblo,
acúname con tus arrullos.
Bajo la luna vamos a la deriva.
Tu niño de azucena

---

[7] http://www.alfonsoreyes.org/nino_2.htm
[8] Suárez Caamal, Ramón Iván. *Historias del niño invisible*, Editorial Nave de Papel, 2016, p. 37.

se ha recostado en el vientre de cemento
a llorar silencioso
porque los cuervos rondan y es tan frágil.
Con un carbón te dibujo.
Protégeme de la noche.

El poeta escribe textos como un regalo para los niños, acaso desde el niño que siente en él, sin perder la perspectiva del adulto. Heriberto Trejo asienta:

La auténtica poesía para niños no es una poesía fácil, llena de cursilerías y didactismos, sino esencialmente poesía. Reducir la vivencia poética a una enumeración de virtudes, exaltación patriótica o enseñanza de temas escolares es desvirtuar la esencia poética, convertirla, como nos dice Gabriela Mistral, "en un absurdo, que podríamos llamar balbuceos de docentes".[9]

Creo que esta poesía debe, ante todo, tener una intención lúdica, un soplo de libertad creativa en donde la mirada descubra y se asombre, un dejo de animismo, un asomarse a la tradición poética popular, imaginar, dibujar las emociones, desde la memoria volver a vivir los juegos y juguetes tradicionales en un presente continuo y en el que la palabra sea también objeto lúdico, ritmo, canto, ensalmo y magia. Considero que lo más importante al escribir para el público infantil es la mirada, es decir, contemplar y nombrar el mundo desde los ojos de un niño, tomar sus riesgos, imaginar e inventar la realidad a partir de lo cotidiano, jugar con las palabras sin que importe tanto los significados, en resumen, habitar esa eterna Edad de Oro a la que alude Martí. Observemos estos ejemplos:

---

[9] www4.congreso.gob.pe/historico/cip/.../Taller_Heriberto_Tejo-OK.doc

            Gallo luminoso,
          pico de cometa;
     tocas tu trompeta,
         gallo claridoso,
          con la misma diana
          de cada mañana.
       Gallo buche orondo
       y canto tan hondo;
     oye, gallo,   e una pluma
     arlequín   m   de
       jabado   a   a pluma   tu
     con el traje florido   d   n   sola   cola
          y siempre enamorado,   u
            para que mi corazón escriba
               en la noche sin fin
              el DO RE MI
                 FA SOL
                    de
                    tu
                  canción

RUTA DE CORAZÓN[11]

I
Un colibrí es muy semejante a una llave;
uno ronda la flor, otra la cerradura,
pero ambos caben en la palma de la mano.

El colibrí entra a la dulzura,
la llave a los recuerdos.

La llave abre un cofre, un baúl, un ropero,
una celda, una casa, un palacio, una ciudad.

El colibrí por su parte abre el corazón de los hombres
que siguen con esmero construyendo puertas.

Níger Madrigal

---

[10] Suárez Caamal, Ramón Iván. *Pregúntale al sol y te dirá la luna,* ilustraciones de Manu Sánchez Vázquez, Colección Luna de Aire no. 13, Universidad de Castilla-La Mancha, 2015, pp. 34-35.

[11] Madrigal, Níger. *Rutinero,* ilustraciones de María Wernicke, Fondo de Cultura Económica, 2008.

CANCIÓN BOBA[12]

De nuevo con b, para Bob Esponja,
cuadrado como una lonja…

Bob bajo un baobab bobeaba,
haba con nabo y baba cocinaba.
¡Qué Bob tan bobo cuando cantaba
bajo el baobab que Bob amaba!

Óyeme, Bob, no seas babuino,
bobalicón, tal vez bovino.
No vino Bob, bobo no vino,
aunque Bob babeaba por el vino.

Nabo con baba, babosa con haba,
al bobo Bob otro bobo vacilaba;
no bebe Bob ni sombra daba
el baobab bajo el que soñaba.

Era cuadrado como una lonja,
la pura baba de alguna esponja.
¿Dónde acabó el Bob erizo?
Solo quedó Bob cacarizo:

Bobo Bob, bobo Bob, bobo Bob…

El poeta escribe desde la voz de un niño.

Esta poesía es de las que más se acercan a los intereses de los lectores infantiles. Voz y mirada son la del niño que mira, siente y muestra el mundo. Van dos ejemplos:

I. LA FAMA[13]

Levanto mi puño sucio y victorioso del segundo año B
al derribar a Luis, del cuarto año.
Su sangre y sus mocos se extienden en el lodo.
Como un gran gladiador escupo al sol de todos.

---

[12] Suárez Caamal, Ramón Iván. *En un jardín*, ilustraciones de Mía May, Secretaría de Cultura de Campeche, 2016, p. 53.

[13] España, Javier. *La suerte cambia la vida*, As de Oros, colección de poesía, f,l,m, 2005, p. 28.

He vencido. Desde ahora los pasillos temerán,
mientras observo a Yazmín, la de quinto año,
tejer una sonrisa para mí.

Javier España

VISITA MÉDICA[14]

Mi hermana doctora
(tiene siete años)
me pide que saque la lengua.
A mí me gusta sacar la lengua a todos
Ululú, ululú, ululú, ¡buhhh!
y luego ululhuyo dando saltos.

Mi hermana es muy seria,
dice que tengo un dragón en mi panza,
que por eso me dio calentura.
Yo le respondo que con nieve de limón me curo.

Escribe su receta:
"Diez vueltas a la manzana".
Traigo una del frutero y la giro.
"Cuarenta lagartijas".
¡No será fácil atraparlas!,
pero tengo un camaleón y una tarántula;
puede que sirvan como alivio.
"Acostarse, descansar, dormir, nada de escuela".
Ah, eso me agrada.
"Diez zanahorias crudas en ayuno".
Preguntaré al conejo si le quedan.
"Nada de confites".
Bueno, se los daré al dragón que está en mi panza.
"Y para terminar: sonrisas y risas".
¡Qué remedio! Me burlaré de todos.
La doctora guarda su estetoscopio de cartón,

---

[11] Suárez Caamal, Ramón Iván. *Jugar*, H. Ayuntamiento de Calkiní, Cam., 2014, pp. 8-9.

sus jeringas de lápiz,
sus pastillas de menta
y me cobra la consulta.
Yo, le saco la lengua, ululú, ululú, ¡buhhh!,
(la mía, no la de ella).

3. Características de la poesía que despiertan interés en los niños

La poesía dirigida al lector infantil se sustenta en dos pilares: imaginación y juego. Ambos inciden en el lenguaje. "La imaginación es la capacidad de combinar de modo nuevo y distinto las experiencias y situaciones de la realidad acercando los elementos más disímiles y aun opuestos. La imaginación creadora es aquella capacidad de volver a combinar la realidad, entendida como un juego a través del cual se busca explorar la sorprendente relación de las percepciones".[15] Y este juego se da a través del lenguaje, de las palabras, atendiendo a su sonoridad, ritmo como algo mágico y que produce una sensación de libertad. Aunado a ello, hay otros elementos como la cualidad musical, lo narrativo, el humor, la brevedad, el matiz afectivo y un contenido sencillo.

La imaginación y sus caminos

a) La relación entre la imaginación y el mundo cotidiano: los seres y las cosas son vistas desde una nueva perspectiva. Así, una piedra es una tortuga; una puerta, una entrada a mundos imaginarios; los árboles dan sombreros en lugar de frutos, una bicicleta es una vaca, etcétera.

MI BICICLETA MU[16]

Hoy comprendí que mi bicicleta es una vaca,
la pobre en fierros, digo, en huesos.
Y que tiene dos patas,
corrijo, dos ruedas con las que gira el mundo.

---

[15] Janer Manila, Gabriel. *Pedagogía de la imaginación poética,* Aliorna S.A. Editorial, 1989, p.14.

[16] Suárez Caamal, Ramón Iván. *En una bicicleta,* Editorial Nave de Papel, 2018, pp. 11-12.

Si es una vaca, ¿para qué los estribos
donde los pies apoyo mientras pedaleo?
Perderé los estribos yo, no esta vaca
de cuernos de carnero si no salgo.
Vámonos, vaca.
¿A dónde?
A recorrer la vida.
A mi vaca le puse un claxon en lugar de cencerro
y una luz en su frente copetuda
para que salude a las luciérnagas.
¿Qué comen estas vacas?
Brisa, risa.
Voy en mi bicicleta, digo, en mi vaca, por los cerros;
la cola que no tiene fustiga el aire,
sus ojos antes tristones brillan,
su piel con pintas pinta la sombra de los árboles.
Va caminemos juntos,
va cayendo la tarde,
va casi llegamos
a casa de los cielos.
Me regalaron esta vaca de alambre
que dice mu, que dice mu, que dice muy buenos días.
A mi vaca le puse "Bicicleta",
duerme en el patio pegada al muro.
Mi vaca mu, mi vaca mu, mi vaca muda con los años,
muda de ropa, no de hablar pues muge largo: ¡Muuuuuuu!
mi vaca mu, mi vaca mu, mi vaca música tiene una parrilla
en donde llevo libros de aventuras;
mi vaca mu, mi vaca mu, mi vaca muerde briznas en los versos,
versos en los muérdagos. Mi vaca mu, mi vaca mu,
mi vaca muere por vivir sin los corrales;
mi vaca Mu, mi vaca bicicleta Mu que mucho quiero.

b) La creación de mundos y personajes imaginarios en una geografía que solo existe en los sueños y en la fantasía: lugares que
nunca conocimos y de acontecimientos total o parcialmente
inventados.

ROBA, LA ROBOT[17]

Así se llama, no hurta el nombre
ni es tenaza amiga de lo ajeno.
Pues resulta que se enamoró de un martillo
que no daba golpe
y ni caso le hacía.
¡Qué loco es el amor
que por extrañas cosas sucede!
Roba, la robot, tiene
roto su corazón de lata
y aunque la pretende un alicate,
eso a ella le importa un cacahuate.
Roba, róbale el corazón a tu martillo.
Roba, enciéndelo con tu brillo
y para que luzca tu sonrisa
toma este cepillo
de cerdas de alambre.
(Aclaración: estas cerdas son muy limpias).
Aunque debes saber que al pillo
le gusta una perica
que todo el tiempo parlotea.
(Yo no sé qué le ve porque es muy fea).
Roba deshoja una veleta
con un me quiere
y un no me quiere.
Roba al martillo prefiere
aunque el cabeza dura
escoja a la coqueta
que se la pasa aprieta, aprieta
engranes, tornillos y rondanas.
Roba, has de saber que en un rincón
de la caja de herramientas
palpita el corazón
de alicate alicaído.
Anda, Roba, deja al presumido

---

[17] Suárez Caamal, Ramón Iván. *Te canto un cuento*, ilustraciones de Luis David Canul Suárez, Secretaría de Cultura de Campeche, 2014, pp. 34-37.

que no admira los resortes de tus trenzas
y acepta la mirada en beso
de tu obstinado pretendiente:
junta tu tenaza a su tenaza,
el amor que te procura siente.
O si no, te tengo otros prospecto, Roba:
El Hombre de Hojalata. No seas boba,
invítalo a un té de aceite allá en tu casa.
Roba, deja que alguien te robe la ilusión,
menos ese martillo, vil carcasa.
Ya ves que en asuntos del corazón
nadie sabe lo que pasa.

c) Imágenes que nos ocasionan una determinada emoción: un paisaje que nos conmueve, una situación que nos toca el alma.

SI YO FUERA JIRAFA[18]

Si yo fuera jirafa te amaría en silencio.
Te miraría por encima de las rejas con esa melancolía de grúa.
Te amaría con el amor desanimado de los exageradamente altos.
Te amaría con el celo de los osos,
de los tamandúas, de los ornitorrincos,
de las cacatúas y de los cocodrilos.
Bajaría trabajosamente mi cuello para esconder mi cabeza en tu pecho
con trémulos topetazos de ternura…

Jeremías Marquines

EL NIÑO INVISIBLE[19]

Es el viento
—papá, mamá—
el que quiere hablarles,
el viento frío de la madrugada

---

[18] http://salamandrius.blogspot.mx/2014/02/si-yo-fuera-jirafajeremias-marquines.html
[19] Suárez Caamal, Ramón Iván. *Viviridú.* Editorial Nave de Papel y Ediciones Insoportables, 2020. pp. 55-56.

arropado con niebla.
¿Lo oyen?
¿Saben qué dice?

Quiere robarles el corazón.
Y ustedes, tan callados.

Hace trece noches
dormí en una caja de zapatos.
Hoy salgo vestido con hojas secas.

Soy el que empuja el carretón,
el que baila con las cortinas.

Traigo sonaja de huesos,
les erizo la nuca:
El viento, el viento…
¡Arrúllenlo para que duerma!
¡Arrúllenlo para que duerma!
Mamá, papá,
¿pueden sentir mis labios
aunque no esté con ustedes?
En la cuna de la araña llora el rocío,
algunos árboles quiebran sus dedos largos
y me dejan pasar de visita.
Los gatos se encrespan,
lloran como niños lastimeros.
Ustedes no abren los ojos.
¿A quién amortajaron en su cama?
Besaré sus frentes,
sus manos aún tibias.

En sus sueños me abrazan,
me dan dulces.
Mejor no despierten.

No se vayan.
El vaho del espejo huele a flores.
Las velas parpadean porque no les hablo.

Uuuuuuh…
Uuuuuuh…
Uuuuuuh…,
el viento, el viento.
Si tuviera una flauta
con qué pájaros rogaría
que no me olviden.

EL JUEGO

a) Jugar con los sonidos

El juego trabaja sobre el lenguaje. Se juega con las sonoridades, los ritmos, el sonido puro de los sinsentidos, una palabra llama a otra y otra es la piedra arrojada al estanque cuyos círculos concéntricos se tocan y relacionan. Las rimas, por ejemplo, pueden dar lugar a asociaciones inusuales; las onomatopeyas, las aliteraciones, las repeticiones enriquecen la imaginación. Emotividad y sensaciones son imantadas por el lenguaje poético que es el mismo que se usa en la lengua diaria, pero combinado de modo más libre y fuera de sus convenciones de significado. Este juego con las palabras nace de lo imprevisto, de lo insólito de la realidad y de lo absurdo. Cadencias y ritmos nos permiten trasponer los linderos de la racionalidad apabullante. Se trata de hallazgos de la emoción y de la inteligencia.

PIN UNO POLAR[20]

Pin uno,
pin dos,
pin tres,
pin cuatro,
pingüino
toca a dos alas,
a dos manos
su piano
de hielo.

---

[20] Suárez Caamal, Ramón Iván. *Zigzag Zoo*. Secretaría de Cultura y Editorial Font, 2018. pp. 21-22.

Al chelo
una morsa lo acompaña
con burbujas de champaña
y un narval toca la viola,
unicornio del océano.

Aplauden las focas,
sí muchas, no pocas,
y un oso polar
se pone a cantar.
"¡Oh, sol! ¡Oh, sol! ¡Oh, sole mío!
¡Que frío
espantoso nos puso a temblar!"
Pin uno:
La luna es un luno.
Pin dos:
¿De hielo o de arroz?
Pin tres:
¡Que valse ese pez!
Pin cuatro:
Iglú es el teatro.
Pingüino:
¡Qué voz la del oso!
¡Qué voz!
¿Atroz?
Y el pingüino
en su piano de cola,
con su traje de cola,
se va en una ola.
¡Adiós!

b) Jugar con los significados

También se juega con los significados. Y es aquí donde entra en juego el símil, la metáfora y otros recursos del lenguaje figurado. La metáfora establece un proceso de extrañamiento del significado convencional que el diccionario nos da de las palabras y se carga de emotividad con lo que despierta la imaginación. Esto ocurre porque la palabra se pone en un contexto que no le corresponde o porque tiende redes de asociaciones entre dos elementos de la realidad que, mientras más alejados estén, son más efectivas.

Con la metáfora se tiende un puente entre la subjetividad del individuo y el mundo objetivo del exterior, aunque su función primera es extender esa conciliación a los lectores. La subjetividad y la fuerza emotiva se conocen como connotación. Con la metáfora se pretende crear una nueva realidad.

Vicente Huidobro lo escribió cuando pedía a los poetas que hicieran florecer a la rosa en el poema. Cuando se animiza o personifica el mundo inanimado aparece la metáfora. Y con ella se explora, descubre y expone nuestro mundo interior con sus alegrías y tristezas, con sus tesoros luminosos y oscuros.

CANCIÓN DE LAS APETENCIAS[21]

Si los cuernos de la luna
los hicieran con harina
mugiría en la cocina
el verde de la aceituna.

Si el hojaldre con sus hojas
pone el otoño en mi plato,
lamería como un gato
las migas de mis congojas.

Con las hormigas yo fuera
al mazapán de las frutas,
mapa de todas la rutas
por surcos de primavera.

Parece turrón mi pelo,
tanta miel, ninguna abeja,
cuando en la tarde se aleja
el sol con su caramelo.

---

[21] Suárez Caamal, Ramón Iván. *Palabras para armar tu canto*, ilustraciones de Cecilia Rébora, Faktoría K de libros, 2012, p. 46.

Si me place, si me plugo
alegre navegaría
en un barco de sandía
sobre el río de su jugo.

CUALIDAD MUSICAL

El ritmo y la melodía del verso embelesan el oído del niño. Las palabras y los versos deben cantar, bailar, vivir el movimiento. La poesía tiene su propio ritmo y ciertos versos parecen caminar, galopar, trotar, correr, andar de puntillas. Sonoridad cadenciada que esté cercana al canto. Las rimas son el elemento mágico de la melodía del verso. Una palabra final atrae a la otra y muchas veces marca la dirección del sentido o del sinsentido, da igual. Además, resulta de gran ayuda para memorizar el texto. A esto se aúna el ritmo ágil, casi aéreo de los versos de corta extensión, los juegos sonoros, las onomatopeyas, las aliteraciones y todos aquellos elementos de la sonoridad que permiten jugar y gozar el movimiento de las palabras. La tradición de la poesía popular y las formas cultas contribuyen a esta música.

LIBÉLULAS[22]

Dije que es para hacerte un dije

Una libélula
le puso al aire
agua con alas
le puso al agua
tallo de brisa
le puso al río
le puso al viento
sus cuatro alas
Una libélula
tres cinco siento
tres cinco ciento
casi no pesan
cuando se posan
en verde junco

---

[22] Suárez Caamal, Ramón Iván. *Malaika*, Editorial Nave de Papel, 2017, p. 28.

leves libélulas
posan y pasan
alada brisa
lluvia con alas

Elemento narrativo

Los niños tienen predilección por los poemas que les narran historias, y si son imaginativas y graciosas, mucho mejor. Contar en verso es un recurso útil para el poeta que se acerca a los lectores infantiles.

LOS GATOS LECTORES[23]

Doce gatos y uno bizco
¿serán trece o solo tres?
Trece vidas y un zapato
—¿cómo no lo puedes ver?—
en la esquina de la noche
se pusieron a leer
una historia de fantasmas:
les tiemblan colas y pies.
El minino más valiente,
con las gafas al revés,
les reclama ser miedosos
y no quiere más leer.
Otro gato, el más cegato,
toma el libro y va de nuez
esta historia de fantasmas,
¿serán siete? No lo sé.
Imagínense qué lío,
no lo quería creer,
siete fantasmas de un gato
asomaron de una vez:
siete cabezas sin cuerpo,
siete colas, patas cien,
un maullido que da miedo,
como pitido de tren.

---

[23] Suárez Caamal, Ramón Iván. *Te canto un cuento*, ed. cit., pp. 52-55.

Las nubes guardan la luna,
la noche negra cual pez
y tras el pez, el fantasma
pues se lo quiere comer.
Erizada la pelambre,
los gatos tiesos se ven,
¿Y si el fantasma se acerca?
¿Qué esperamos? ¡A correr!
¡Cuánta prisa y qué porrazos!,
mas no hay nada qué temer
pues los gatos siempre, siempre,
aunque giren caen de pie.
Los doce gatos y el otro
¿eran trece o solo tres?
en el libro se metieron.
No se les ha vuelto a ver.

EL BUEN HUMOR

Hay poemas que nos llevan a sonreír o, de plano a soltar las carcajadas. Esto sucede cuando el texto muestra algo imprevisto o absurdo, situaciones extrañas llevadas hasta la exageración, juegos de palabras, finales inesperados, sucesos comunes enfocados de tal manera ocurrente, diálogos sin sentido entre objetos o seres dispares, en fin, la presencia de un mundo al revés. Reflexiona con estas frases de Groucho Marx:

1. Aparte del perro, un libro es el mejor amigo. Dentro del perro está demasiado oscuro para leer.
   (Y a mí se me ocurre agregar: Además, los libros no muerden).
2. Una mañana me desperté y maté a un elefante en pijama. Me pregunto cómo pudo ponerse mi pijama.

Observa estas otras que inventé:

—Eva, ¿puedes prepararme una ensalada de manzana?
No dejó de ser serio ni cuando le dieron el tiro de gracia.
Ni cuando quedó calvo usó un sombrero porque creía que en el descampado de su cabeza el sol y la lluvia harían crecer un bosque.
Cuando te zumben los oídos averigua quién está dentro de tu cabeza: si pájaros, grillos, el eco o algún músico borracho.

Lee este poema:

Mantis[24]

Flaca de mis ensueños, hazme caso;
me sorbe la mirada tu belleza
y muero en la delicia de tu abrazo.
Cariño, por ti pierdo la cabeza.

OTROS ELEMENTOS

La brevedad, un vocabulario que acentúe el matiz afectivo, (las palabras de un buen poema infantil han de ser connotativas, sensorialmente ricas, precisas en su definición, vigorosas; han de hablar a los sentidos y estimular la imaginación) y un contenido sencillo —que no simple— que infunda a cualquier experiencia cotidiana un sentido nuevo, revelador, ya sea movilizando la imaginación del niño, divirtiéndolo o asombrándolo.

NANA PARA LA LUNA[25]

Bosteza y bosteza
la luna redonda;
sábanas de nubes,
almohadas de fronda.

La luna le pide
al sauce del río
que la arrope y guarde
porque tiene frío.

¡Qué nana tan luna!
¡Que luna tan llena!
Tráiganle más hojas
de la hierbabuena.

---

[24] Suárez Caamal, Ramón Iván. *Donde se explica el amor con estampas de animales*. Editorial Nave de Papel y Ediciones Insoportables, 2019. pp. 16-17.

[25] Suárez Caamal, Ramón Iván. *En un jardín*, Secretaría de Cultura de Campeche, 2016, p.23.

Dormía la luna
en la sarteneja,
qué sueño más largo
qué canción más vieja.

Soñaba la luna
con ser un espejo
y que le trajeran
de amigo a un conejo.

La cuna, la luna,
la noche, la nana:
¿Escuchas los grillos?
Abre tu ventana. '

A MANERA DE CONCLUSIÓN

Escribir para niños nace de escribir desde el niño que somos y nunca dejaremos de ser. Esto conlleva su dosis de asombro, inocencia, curiosidad, descubrimientos, humor, aventura, musicalidad, travesura lúdica de los sonidos y de los significados; es decir, equilibrio en un pie y en otro, ¿el pie del lapicero?, ¿o el dedo índice en las teclas? al saltar sobre la rayuela de las posibilidades infinitas de la imaginación.

Pudiera ser que los poemas escritos para ellos acepten con mayor naturalidad la versificación de la métrica denominada de arte menor, las rimas, las estrofas y se nutran con la tradición popular de coplas, romances, rondas y corridos; aunque no por ello desdeñen el verso libre.

En cuanto a la temática, se explora el mundo cotidiano del infante: sus juguetes, los objetos domésticos, las situaciones en la escuela y la familia, el zoo variado de insectos, peces, aves y alebrijes que mueven la cola y sacan la lengua mientras se esconden en un resquicio de los muros, debajo de las piedras o saltan de nube en nube o de renglón en renglón en los libros y cuadernos escolares.

Quien quiera escribir para niños puede abrevar en las canciones de siega y escarda de la tradición en España, en las cancioncillas, nanas y poemas de García Lorca, Miguel Hernández y Nicolás Guillén, en los haikús de José Juan Tablada, en los textos de Gabriela Mistral, Mirta Aguirre, Jairo Aníbal Niño, Aquiles Nazoa y tantos excelentes escritores para niños que publican hoy; aunque también en la versificación popular y en los nonsenses y limericks de Edward Lear y Lewis Carroll que plantean situaciones absurdas y divertidas, en el puro querer lírico, en la sinestesia, así como en las adivinanzas, trabalenguas y jitanjáforas.

LECCIÓN 1

LA CAPACIDAD DE CREAR
Y EL COLOR DE LAS EMOCIONES

Todo lo que existe en nuestra civilización es producto de la creatividad: desde una cuchara hasta una sinfonía; lo mismo un automóvil, un edificio y un par de zapatos que un poema; igual unas tijeras que la Mona Lisa. En algunos casos la creatividad surge de una necesidad utilitaria; en otros, del disfrute de la belleza del arte. De lo segundo trata este manual.

Para ser creativo se debe partir de la libertad para imaginar y jugar, del "soñar con los ojos abiertos" que nos permite descubrir e inventar. Para ello es necesario poner tras los barrotes al carcelero de la razón y permitir que la intuición guíe nuestros actos. A veces llega de un chispazo; otras, de un largo periodo de reflexión ensimismada.

En el anecdotario científico se cuenta que Newton descubrió la ley de la gravitación universal cuando, estando recostado bajo un árbol, cayó cerca de él una manzana. Muchos inventores confiesan que, habiendo quedado entrampados en un problema, la solución les llegó por medio de un sueño.

Se aconseja, para acceder a la creatividad, seguir ciertos procedimientos: centrarse, con una atención entre reflexiva e intuitiva, en el problema a resolver (ya sea solucionar algo, escribir un texto, elaborar un proyecto, etc.) con una apertura mental hacia todas las posibilidades; luego, hacer acopio de la información disponible en un proceso de acumulación de datos; posteriormente, divagar, olvidarse aparentemente del asunto. Pero ciertos resortes y mecanismos mentales se han puesto en marcha: llega un momento —si el caso fuese escribir poemas— en que las palabras fluyen como un río caudaloso que arrastra impurezas y hallazgos (hay que escribir sin casi hacer altos) para, posteriormente, corregir y darle el acabado final.

La creatividad se manifiesta a cualquier edad, mientras más pronto, mejor. Veamos el ejemplo de estos niños creadores que expresan sus emociones a través de las palabras. A continuación van ejemplos de poemas escritos hace algunos años por niños.

EL COLOR DE LAS EMOCIONES

En un poema y en cualquier obra artística las emociones juegan un papel importante. A través de los sentimientos se externa el mundo que bulle en nuestro interior. Hay un movimiento de doble dirección: del artista a su creación y de la obra de arte a quien la disfruta. En un poema los sentimientos son expresados a través de la palabra y quién lee revive la emoción que el escritor puso en su texto. Los niños son más espontáneos en expresar sus emociones y en recibirlas.

1. Los niños escriben sus sentimientos

Comparto algunos poemas escritos hace años y, recientemente, por niños que asistieron a talleres literarios:

DÍA DE LA MADRE[26]

Madre,
no tengo otra cosa
más que mi palabra.
Por eso este día
te ofrezco mi escrito.

En mi corazón
escribo tu nombre.

En el patio de tus ojos,
entonan su hermoso canto
dos pedacitos de noche.

Mis ojos se abren de alegría
como dos puertas
cuando te miran.
Madre,
este día
te ofrezco la frescura de la lluvia,

---

[26] Del taller de poesía en lengua maya impartido por Briceida Cuevas Cob y Alfredo Canul Tun en el municipio de Calkiní, Campeche.

un pedazo de sol,
el aletear de un pájaro
y la risa de mi lápiz.

Fátima Noemí Pech Chi (11 años)

A veces hay que ser fantasma
para saberse vivo…

Daniel Cabrera Padilla (14 años)
Taller literario Syan Kaan.

¿DÓNDE?

¿Dónde puedo agarrar las imágenes,
tener cantando cerca de mí
el más bello de los pájaros?
¿Dónde puedo agarrar ese fuego,
tenerlo adentro para siempre
haciendo palabras nunca oídas?
Todo aquello que ya está aquí
es viejo y arrugado.
Yo quiero saltar
al mundo de imágenes.
¿Dónde? ¿Dónde? ¿Dónde?

Ekiwah Adler Beléndez (12 años)
Instituto de Cultura de Morelos, 2000.

¿Qué es el secreto?
Un violín que toca la mosca
la voz que se cierra con llave.
Es la piedra que no arrojo
al abismo de este libro.
Es la Nada que aventura un papagayo.

Meztli Vianey Suárez Mc-liberty (12 años)
Taller literario Syan Kaan.

Viento de invierno,
corazón insensible
de voces blancas.

Elsa Citlalli Chargoy L. (13 años)
Taller literario Syan Kaan.

Me gusta la tristeza de los árboles,
lo húmedo de la fuente.
A veces
el cristal de las lámparas
o, siendo fiel a la verdad,
me gusta
todo intento de llover
y de llorar.

Yussi Yareli Sabido C. (10 años)
Taller literario Bakhalal.

- Adéntrate en los poemas, lee y comenta sus imágenes y emociones. Observarás que no es difícil captar sus mensajes. Un poema debe disfrutarse más que entenderse, pues a cada quién le dice algo distinto.
- Observa un objeto minuciosamente: dibújalo con los ojos cerrados.
- Con los ojos cerrados ponle color a un dibujo.
- Cierra los ojos y reconstruye mentalmente tu rostro, ahora ábrelos y dibuja tu cara, pero de cabeza (el rostro, no tú).
- Imagina un paisaje y dibújalo con un lápiz entre los dientes o entre los dedos de uno de tus pies.
- Escribe comparaciones que suenen originales, extrañas:
  - Mi tiempo va tan de prisa como las patas de los relámpagos.
  - Quiero verte como una ballena mira a los cielos de agua antes de volar a ellos.
  - Una mariposa bajo la lluvia es como un poema que se despinta.
  - Era tímido como un perro debajo de un carro.[27]
  - Aquella mujer me miró como a un taxi desocupado.[28]
  - Los recuerdos encogen como las camisetas.[29]

2. Pintemos de color nuestras emociones

Un poeta francés, Arthur Rimbaud, le dio un color a cada una de las vocales y escribió:

---

[27] Greguería de Ramón Gómez de la Serna.

[28] *Ibid.*

[29] *Ibid.*

SONETO DE LAS VOCALES[30]

A negra, E blanca, I roja, U verde, O azul: vocales,
algún día diré vuestro origen secreto;
A, negro corsé velludo de moscas relucientes
que se agitan en torno de fetideces crueles, golfos de sombra…
E, candor de nieblas y de tiendas, lanzas de glaciar
fiero, reyes blancos, escalofríos de umbelas;
I, púrpura, sangre, esputo, reír de labios bellos
en cóleras terribles o embriagueces sensuales;
U, ciclos, vibraciones divinas de los mares verduzcos,
paz de campo sembrado de animales,
paz de arrugas que la alquimia imprimió en las frentes
　　[profundas];
O supremo clarín de estridencias extrañas, silencio
atravesado de Ángeles y de Mundos;
O, la Omega, el reflejo violeta de sus Ojos!

- ¿Y si expresas tus emociones poniendo los colores que tú creas a vocales y consonantes, para luego escribir tu propio texto? Por ejemplo:

A azul de océano tranquilo donde ballenas transparentes lanzan letras;

B blanca de fantasmas que veneran la luna y le arrancan sus pétalos de lirio;

C _____

Betty Edwards en su libro "El color"[31] plantea un ejercicio en donde las personas expresan sus sentimientos: rabia, alegría, tristeza, amor, envidia, tranquilidad a través de los colores. En seis rectángulos y en un tiempo de media hora deben pintar —no dibujar— sus emociones en cada recuadro. Conviene, para mayor eficacia del ejercicio, antes de cada emoción acudir a los recuerdos y acontecimientos que te produjeron tales estados de ánimo, evocarlos y pintar.

---

[30] http://mispaginasoniricas.blogspot.mx/2008/07/soneto-de-las-vocales-rimbaud.html
[31] Edwards Betty. *El color*. Ed. Urano, 2004. pp. 163-167.

- Cierra los ojos, viaja a tus recuerdos. Vuelve a una situación que te produjo molestia, coraje, rabia. Algo que te pasó. Vívelo de nuevo. Que desfilen en tu imaginación las personas que estuvieron contigo en ese conflicto. Siente de nuevo esa emoción como viaja por tu sangre y llega a tus manos. Ahora vas a contar hasta cinco y abrirás los ojos y en el primer cuadro vas a pintar con manchas, rayas o como se te ocurra esa emoción. No dibujes, mancha, traslada esa emoción al papel. (Este proceso se repite con cada sentimiento.)
- Inventa y tararea una melodía triste, bélica, feliz, divertida, malhumorada, tranquila.

En su libro "Feliz" Mies Van Hout presenta una serie de emociones a partir de figuras de peces. Si es posible, busca el libro, observa sus ilustraciones y, luego de disfrutarlas, dibuja un árbol, una piedra u otro objeto feliz, nervioso, furioso, asustado, tímido, aburrido, triste.

3. De los colores a las palabras

Así como las emociones se expresan con colores, igualmente los sentimientos se pueden mostrar con palabras. Observa cómo los sentimientos y colores se combinan en un poema:

Camaleón[32]

El camaleón es animal de circunstancias.
Hablan por él sus entornados ojos:
se entristece con lánguidos violetas,
odia con pérfidos amarillos,
se ruboriza con manzanas color sangre,
llena el verde envidia hasta los límites,
se irisa de naranja si sonríe con dulzura,
un traje gris hastío no le queda,
ama con tímidos azules.

- Leamos este poema de Octavio Paz.

---

[32] Suárez Caamal, Ramón Iván. *Donde se explica el amor con estampas de animales*. Libro inédito.

ESCRITO CON TINTA VERDE[33]

La tinta verde crea jardines, selvas, prados,
follajes donde cantan las letras,
palabras que son árboles,
frases que son verdes constelaciones.

Deja que mis palabras, oh blanca, desciendan y te cubran
como una lluvia de hojas a un campo de nieve,
como la yedra a la estatua,
como la tinta a esta página.

Brazos, cintura, cuello, senos,
la frente pura como el mar,
la nuca de bosque en otoño,
los dientes que muerden una brizna de yerba.

Tu cuerpo se constela de signos verdes
como el cuerpo del árbol de renuevos.
No te importe tanta pequeña cicatriz luminosa:
mira al cielo y su verde tatuaje de estrellas.

¿Qué te dicen los colores? ¿Cómo estarías en un mundo totalmente amarillo? ¿Cómo describirías tu vida en tono gris? ¿Tus recuerdos, de qué color son? ¿De qué color sería la tinta con la que escribas tus momentos felices? ¿Cuál es el color que más te agrada y qué escribirías con él?

Los recuerdos de mi infancia los veo de color azul.

AZUL[34]

Miro crecer el día
y quebrarse sus ramas.
Todo lo que mis ojos

---

[33] https://www.poemas-del-alma.com/escrito-con-tinta-verde.htm
[34] *Miro crecer el día.* Libro inédito.

tocan en la distancia
se emborrona de azul:
los años cuando pasan
el canto de los pájaros,
el mar que no descansa,
las gotas de rocío
entre las telarañas…
Aunque largos los pasos,
hay un niño en mi alma
que recita sus versos
con azules palabras.

Y como el azul es mi color preferido, con él pinto el mundo.

Voy a pintar azul todos los árboles:[35]
cada hoja, cada gajo, cada fruto:
manzanas azules de corazón azul,
piñas azules de sangre azul,
peras batracias de croar azul.
Y si los peces son frutas
serán azules sus ojos bajo la luna
pintada de azul pues todo será de ese color
menos el mar, el cielo
porque los escondo en la noche.
¿Eres un árbol?

Mírate en el espejo.
Pinto azul tu danza.

Pinto azul tus labios de carnes arenosas.
Pinto azul tus ojos y sus lágrimas.
También tu sonrisa para que anide en corazón celeste.
Arbolazul,
tú te quedas cuando los pájaros sueltan sus pañuelos.
No debe ser así, dicen las hojas.
Que se vayan las nubes con el tren azul de los adioses.
Pájaro pico, pájaro pico,

---

[35] Poema inédito.

ave pincel en el azul de la alegría,
con una de tus plumas trazo el cielomar de mis versos:
Azul azul,
es decir,
adiós, adiós
con tinta azul
en el azul de la distancia.

Yo recuerdo que en mi niñez me gustaba hacer papalotes con papel de China y los colgaba en la ventana de mi casa para venderlos. Cuando se los llevaban era un gusto verlos remontar el aire. De esas vivencias surge este poema:

Pájaros de papel[36]

Me tienen envidia los gorriones.
Vuelo del nido de tus manos al aire;
al viento, los brazos extendidos.
¿De qué frágil amor hice mis alas?
Pájaro de papel de China
al viento, al viento
mientras doy volatines
—larga la cola en trenza
y la cruz del escudo—
al aire, al aire mi corazón de abril.

Vi tu paciencia cuando recortabas
el papel de China de mis plumas;
pusiste el arco y la flecha
de mis vértebras de coco y el olor a engrudo;
sentí el hilo y la aguja que cosían mi freno,
mi larguísima cola en tu ventana.
Después corrías sin mirar atrás...
¡Suéltame! ¡Suéltame!
¡Jálame! ¡Jálame!
¡Déjame! ¡Déjame!
Gire el carrete porque el cielo es mío.

---

[36] Suárez Caamal, Ramón Iván. Poema inédito.

Por el hilo suben cartas
mientras cabeceo en mi almohadón de nubes,
papeles de colores que entregaré a los ángeles
para que nos concedan
el pan de la sonrisa
y el canasto con peces
de los milagros cotidianos.

Así quiero estar.
Aquí quiero estar:
un punto apenas en el infinito.

Si me dibujas en tu cuaderno,
que sea sobre los cables y palabras
que aprendiste ayer,
donde sonría el sol
puesto que soy un pájaro de papel de China,
un papalote que le teme a la lluvia.

No puedes olvidarme.
Ven conmigo
al aire, al aire;
al viento, al viento
los brazos extendidos.

4. Lee con atención y comenta el siguiente texto donde el color negro predomina.

PUERTA AL SILENCIO[37]

No me pidan que entre a la noche por la puerta del patio
ni que salga al patio por la puerta de la noche
porque bajo su paraguas se esconden las cosas.
Este es el espejo del patio y de la noche
y de la noche y del patio que me llaman con su cola
que ha de ser fría como cuando tuve fiebre.

---

[37] Suárez Caamal, Ramón Iván. *Historias del niño invisible*. Editorial Nave de Papel, 2016. p. 13

En el patio enterré una noche
el bracito de la muñeca que me hizo cosquillas;
en la noche sepulté una puerta junto con el peine
al que arranqué cuatro de sus colmillos
y los enhebré con la piel que mudó la víbora de mis once años.
También di sepultura bajo la puerta de la noche
en la noche que cerraba puertas
a la cuchara con peces en aceite de ricino,
al lápiz al que le partí el espinazo con sólo un mordisco
y a más cadáveres anónimos bajo el rostro de las cosas.

Al patio no entro por la puerta de la noche,
no voy a la noche aunque abra sus puertas y me diga:
Ven, hijo de los huesos, danos tus mejillas pues tenemos
    [hambre].

5. Evoca algún episodio de tu niñez y escribe un poema en el que predomine un color.

LECCIÓN 2

LA IMAGINACIÓN

Lee y comenta el siguiente poema:

LA HORMIGA

Una hormiga de dieciocho metros
con un sombrero en la cabeza
no existe, no, no existe, no.
Una hormiga que arrastra un carro
lleno de pingüinos y de patos,
no existe, no, no existe, no.
Una hormiga que habla francés,
que habla latín y javanés,
no existe, no, no existe, no.
¡Eh! ¿Por qué no?

Robert Desnos

La imaginación nos permite vivir otras vidas, visitar la casa aérea de la flor y saludar a las abejas, sentirnos uno con el árbol y celebrar sus flores, sus frutos, sus verdes primorosos. Hay una fuerza en la imaginación —la de los sueños— que nos da prestadas sus alas. Surge de combinar de manera nueva, extraña, sugerente los elementos de la realidad y su base es el juego: jugar con los sonidos, jugar con los significados.

En estos ejercicios sacaremos músculo a tu imaginación, te mostraremos algunos mecanismos que te permitirán acceder a sus maravillas. Para ello, las emociones, tu afectividad son necesarias. Si algo te afecta, te conmueve, es hora de expresarlo a través de la poesía: un amanecer lleno de pájaros, el regalo de una mascota, un juguete que extraviaste, el amor de tus padres, cualquier experiencia o recuerdo que revivas en tu memoria.

EL MUNDO COTIDIANO VISTO CON LOS OJOS
DE LA IMAGINACIÓN

Eres el dueño de una cámara, de unos anteojos mágicos. Así, una piedra es una tortuga, la puerta se abre al mar o a mundos imaginarios, los árboles dan libros en lugar de frutos…

En su poema "Los anteojos" María José Ferrada nos dice que con los anteojos de la imaginación los objetos, animales y paisajes son y no son lo mismo:

> *Los anteojos son dos círculos de vidrio que se ponen*
> *enfrente de los ojos. Las personas miran a través de ellos*
> *y ven las cosas diferentes…*[39]

Así, en su poema, una gota de agua se transforma en un enorme lago y una montaña lejana es un grano de arena.

Jairo Aníbal Niño hace preguntas que trastocan la realidad:

PREGUNTAS[40]

¿Qué es el gato?
El gato
es una gota de tigre.

Responde y plantea otras preguntas y sus respuestas posibles e imposibles: ¿Qué es un perro? ¿Qué es la lluvia? ¿Qué es una bicicleta? ¿Qué son las tijeras? ¿Qué es una flor?

Transforma a través de tu imaginación lo que miras a tu alrededor:

- Imaginemos: Una casa que parpadea con sus ventanas, una jaula sin barrotes, una lámpara que ama a la luna, un vaso que sueña con que le den un beso, un cazador de emociones, un olor que se oye, unos calcetines que bailan, maúllan o ladran, o una puerta que le tiene miedo a la noche.

---

[39] Ferrada, María José. *El lenguaje de las cosas*, Santillana Infantil, 2016, p. 40.

[40] *Cuentaquetecuento*. Revista latinoamericana de literatura para niños y jóvenes, Ed. San Judas Tadeo, 1993, pp. 65-68.

Agrega más situaciones imaginativas y con una de ellas escribe tu poema.

¿Conoces el haikú de la "Sandía" escrito por José Juan Tablada?

> ¡Del verano, roja y fría
> carcajada,
> rebanada
> de sandía!

Visualicé a su autor como un niño a punto de morder la dulce y jugosa rebanada y le respondí con estos versos:

UN POEMA PARA EL NIÑO JOSÉ JUAN

> En la carcajada de la sandía,
> en su luna carcajada,
> en su barca de tres colores
> navegas.
> ¿Quién querrá acompañarte?
> El viaje será dulce;
> el agua, aunque sea de mar, será dulce;
> los peces voladores,
> las nubes,
> las tortugas,
> las risas de los niños serán dulces
> en esta barca con velas de algodón de azúcar.
> Luna sandía o luna san noche
> en un cielo con pecas por estrellas.
> José Juan,
> convídame tus versos
> para rodar como sandía por el campo bajo la lluvia.

Te comparto otro haikú del mismo autor: el de "La Tortuga". ¿Y si entablas un diálogo con este poeta cuando era niño? Posiblemente el quelonio era su mascota. ¿A dónde va esa tortuga? ¿Por qué lo hace? ¿Quiénes viajan con ella? ¿Qué llevará en su carro de mudanzas? ¿No se habrá olvidado algo en su falso cambio de domicilio? Son tantas las preguntas que puedes hacerle y, con las respuestas, escribir tu poema.

LA TORTUGA

Aunque jamás se muda,
a tumbos, como carro de mudanzas,
va por la senda la tortuga.

Y otro del poeta Octavio Paz para que dialogues con el poeta niño
y escribas tu poema.

NIÑO Y TROMPO

Cada vez que lo lanza
cae, justo,
en el centro del mundo.

La creación de mundos, personajes e historias inventadas que solo
existen en una geografía imaginaria

Aquí cabe la descripción de personajes y de lugares que nunca conocimos pero que podemos imaginar o acontecimientos total o parcialmente inventados. Por ejemplo: Un papalote que quiere cantar como el
mejor de los pájaros, una rana que salta de nube en nube, una bicicleta
que logra llegar al planeta Marte, un árbol que no quiere perder sus
hojas, un cuaderno con rayas donde cantan los pájaros. Lee el poema:

HUBO UNA VEZ...[42]

Hubo una vez un árbol
con un raro deseo entre los árboles:
No quería perder sus hojas.

—Mira, —decía el viento—,
es natural que te quedes sin ellas.

—Piensa —explicaban los pájaros
con un gorjeo interminable—
¿no ves a mis polluelos
dejar el nido sin que vuelvan?

---

[42] Suárez Caamal, Ramón Ivan. *Un árbol florece sueños*, Anadrio Ediciones, 2013, pp. 20-23.

—¡Oye! —se enojaban las hormigas—
¿quieres privarnos de abrigo?
Pero el árbol
no estaba convencido
de amar sus ramas sin primores.

—¿Te dejarías arrancar las plumas?—
preguntaba al pájaro.

—Como tú no te ves,
nadie sabe que estás desnudo—
reclamaba al viento.

—A ustedes, negras y rojas vagabundas,
podría dar algunas:
las que se pongan fuego,
las que se pinten noche.
Y no más…

¡Qué extraña locura
la de nuestro hermano!
El temblor de una hoja
le roba el sueño,
una pinta de ocre
en cualesquiera,
le da vértigo.

El árbol, aquel árbol
se valió de todo:
la amistad de la araña,
la bruma decembrina,
los bejucos y las enredaderas.
Pero las hojas, las hojas
le decían adiós al temeroso.

Él se consolaba:
Al menos tengo nidos
y jirones de niebla;
estas dos mariposas
me donaron sus alas.

¿Creen que las verdes
cantoras de los charcos
pueden imitar mis hojas?
Tesoro generoso
se guarda en los deseos.
Hubo una vez un árbol
que quiso primaveras.
Su fronda se mecía
en la cuna del viento.
Esto cuentan y cantan
los pájaros del sueño.

Tomemos algunas de las situaciones imaginativas anteriores o las siguientes y desarrollemos un texto poético:

Un pez que se siente astronauta.
Un árbol que arrulla hipopotamitos.
Una ballena tan pequeñita que solo se podía ver con una lupa.
Una avestruz que empollaba un balón de fútbol.
Una flor adivinó…
En el columpio de la luna una oveja se mece.
Tortuga alquila su casa.
El girasol quiere ser giraluna.
El camaleón viste a la moda.
Las tijeras bailan ballet.
Esta era una sombra…
Mis vacaciones en una caja de zapatos.
Mi abuelo de papel.
Un dragón de hielo.
Mi país se llama Misterio.
Cabellos de noche, ojos de luna.
Soy una niña de humo.
Vivo en una cáscara de nuez.
Trenzas de mariposas.
En zancos y a zancadas.
El amor del abrojo.
Calamar escritor.
Racimos de zapatos.
Cisne dame una pluma.
Pintemos la noche con el arcoíris.

La huelga de los relojes.
Este era un gato que cazaba relámpagos.
Si las nubes nos contaran sus sueños.
A las palabras les salieron cuernos.
Buena luna, buen sol tenga usted.
De tanta tinta la noche hizo una historia oscura.
Un edificio con hambre.
Pañuelo de niebla para las flores.
El circo de las moscas azules.

LAS EMOCIONES, UN MOTOR QUE NOS LLEVA A IMAGINAR

Los sentimientos pueden servir como un trampolín desde el cual lanzarnos a imaginar. Las emociones mueven, conmueven nuestros sentidos y los llevan al espacio donde los sueños se hacen reales. Un camino para lograrlo podría ser dejar fluir las emociones a partir del entorno: lo que siente una piedra, un árbol o algún animal, aunque ellos no son sino el pretexto para hablar de nuestros afectos, odios y estados anímicos.

Observa como la imaginación fluye a través de los sentimientos amorosos que experimenta un pulpo albino por su amada luna.

PULPO ENAMORADO[43]

Un pulpo albino cruza la noche.
Huye de peces payasos que se ríen de él.
Saben de su amor por la luna.
Lleva siete lirios como ofrenda;
el otro se lo arrancó un escualo.
¡Cuídate, pulpito,
o te hacemos talco a dentelladas!,
vociferan los tiburones debajo de las olas.
Él rodea a su amada con sus siete brazos
—el otro es un muñón que sangra polvo de estrellas—
y con sus ojos vivaces escribe cuánto la ama.
Luna, lunita,
¿quieres un pañuelo de nubes,

---

[43] Suárez Caamal, Ramón Iván. *Con ojos de asombro y patas de rana*, libro inédito.

la constelación de las medusas,
el broche de un cometa mantarraya,
mi corazón de papel con un poema?
Un pulpo albino cruza la noche
mientras su amada
se disuelve en las espumas.

Recuerda algunos momentos emotivos tuyos o que hayas observado en otros. O bien, algunos acontecimientos propios o ajenos que te hayan conmovido. Transfórmalos en frases poéticas y después en poemas. Ejemplo:

Es la lluvia, no mis lágrimas…
Las velas del pastel no se encendieron…
Casa con flores la mía…
Escondí en la luna algunas veces mi tristeza…
Todos los frutos están envueltos con sonrisas…
Cómo aman los vasos a las flores…
Piedra a Cielo miraba con rebeldía…

No olvides que lo más importante es emplear tu imaginación, así como la emoción y la musicalidad de lo que escribas. ¿Listo para crear?

LECCIÓN 3

EL JUEGO DE LAS FORMAS Y EL MATRIMONIO DE LAS PALABRAS

TRANSFORMAR CON TRAZOS

Anthony Browne en su libro *Jugar el juego de las formas*[44] afirma que si a una forma cualquiera le añades otros trazos, el primer dibujo se transforma en algo diferente, lo cual es sumamente entretenido y ayuda a la imaginación y a la creatividad.

¿Qué tal si practicamos este juego? Emplea algunas de las siguientes figuras. Añade otros elementos, cada uno con un color diferente:

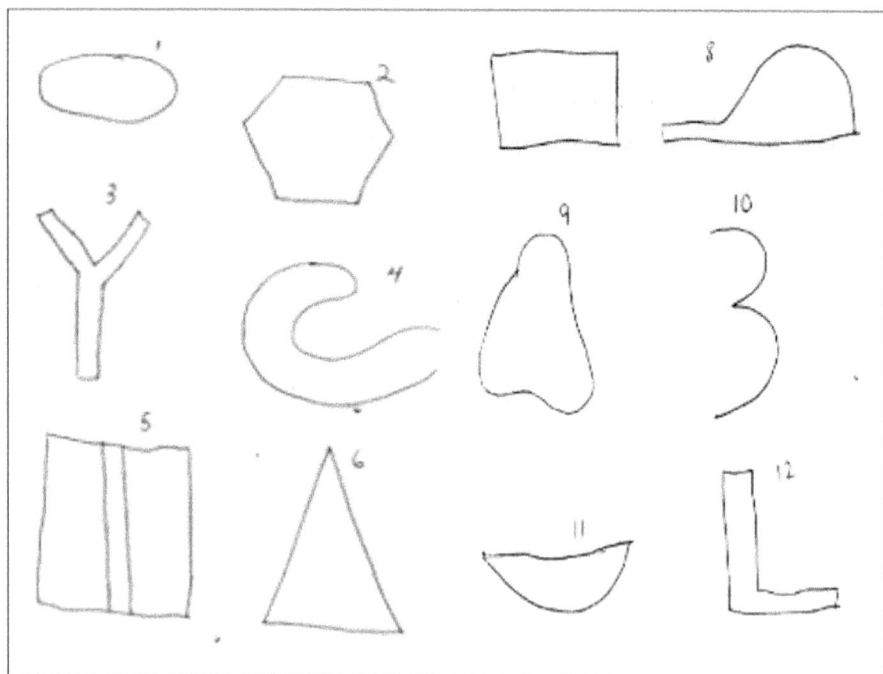

---

[44] Browne, Anthony y Joe: *Jugar el juego de las formas*, Fondo de Cultura Económica, 2011.

Se puede hacer una exposición con los dibujos realizados por todos. Un bestiario singular

Si agregas y combinas las partes de distintos objetos, personas y animales a modo del procedimiento conocido como collage, surgen elementos nuevos nacidos de tu imaginación. Esto también se puede hacer con dos palabras: mezclas y atribuyes las características de uno y otro al nuevo elemento que aparece. Ejemplifiquemos con un fragmento del libro *La tienda de animalombres del señor Larsen*, de los autores Daniel Monedero y Aitana Carrasco (CIDCLI, 2010.)

> La Elefantetera recoge la hierba del té y la transforma en su interior en la deliciosa bebida, que después expulsa por la trompa para deleite de sus invitados…

Otro libro que podrías consultar es el *Animalario Universal del Profesor Revillod* (Fondo de Cultura Económica, octava reimpresión, 2012), de los autores Sáez Castán y Murugarren o *El Animalario Vertical* de los mismos autores que, a modo de rompecabezas, combina partes de diversos animales y sus posibles definiciones y a partir de ellos puedes crear tus textos.

También podrías disfrutar los libros *Sopa de sueños y otras recetas de cocina*, escrito por José Antonio Ramírez Lozano, e *Imagina animales*, de Xosé Ballesteros, ambos de Editorial Kalandraka.

> En lo más frondoso del parque de Doña Ana vive el picopato. Es un ave de plumas lisas y brillantes, bañadas por un barniz de charol. Su tarea diaria consiste en picotear, de forma incansable, la corteza de un árbol jugoso: el clakero, de sabor a goma arábiga. Su picoteo, también conocido como "taconeo", es constante en las noches de luna llena…[45]

He aquí algunos de los seres fantásticos que puedes dibujar y escribir acerca de ellos:

–El pez-cuezo.
–La piña Tita.
–La gar-zapatilla.
–La tortugarbanzo.

---

[45] Ballesteros, Xosé. *Imagina animales*, Editorial Kalandraka, 2008.

–La focafoco.
–La lagartijera.
–El violingóndola.
–El espejesomos.
–El cu-chillón.
–El librontosaurio.

DIBUJARLE PARTES HUMANAS A LAS COSAS Y A OTROS ELEMENTOS

En el libro "Los amigos imaginarios" Fidel Selavo crea una serie de entes a partir de dibujarles brazos, piernas, y otras partes del ser humano a los objetos y a otros elementos de la realidad cotidiana con resultados sorprendentes. A la fotografía de un huevo frito le dibuja ojos nariz y boca, así como brazos y piernas y lo llama "El hombre de la capa blanca" y a la fotografía de una nube le dibuja un rostro y la nombra "El que saluda a lo lejos y se va" y luego escribe:

> *No hay nadie más simpático.*
> *Ni más lindo de ver.*
> *Pero es muy difícil concretar una cita con él.*
> *Es huidizo. Te dice que sí, pero se escapa...* [46]

Toma fotografías a objetos, instrumentos, utensilios, etc., con un celular e imprímelas. Dibújale partes del cuerpo humano, imagina una historia y escríbela. Ejemplo: Se casa melón con Sandía.

Gianni Rodari, escritor y pedagogo italiano, autor de *Gramática de la fantasía. Introducción al arte de inventar historias,* [47] propone un ejercicio al que llama binomio fantástico y lo aplica a la narrativa. El poeta calkiniense Santiago Canto Sosa lo adapta a la poesía y lo llama el matrimonio de las palabras. Este es el procedimiento:

a) Hagamos dos listas de palabras (de 10 o 15 cada una):

---

[46] Sclavo, Fidel. *Los amigos imaginarios,* V& R Editoras, 2014, p. 64.

[47] Rodari, Gianni. *Gramática de la fantasía. Introducción al arte de inventar historias,* Ed. Aliorna, 1989, pp. 21-24.

manzana	ángel
volcán	pájaro
viento	lápiz
elefante	altura
árbol	orejas
persona	estrella
escoba	libro
bandera	espejo
sol	ternura
botella	corazón
mano	yerba
nube	casa
ojo	foco
mar	rosa
cubo	oruga
libro	mesa

b) Escojan una palabra de la primera lista. Luego, busquen otra en la segunda lista, que comience con la misma letra con la que termina la primera palabra seleccionada o, al azar, otra.

Ejemplo:

1ª palabra	2ª palabra
árbol	libro

c) Unan las dos, suprimiendo al mismo tiempo la letra repetida (como se especificó anteriormente):

arbolibro

d) Hagámonos preguntas: ¿qué será un arbolibro?, ¿un libro lleno de árboles o un árbol repleto de libros? ¿Deletrean o leen sus cantos las aves de los arbolibros? Cuando abres el fruto de un arbolibro, ¿encuentras un poema? ¿Los poetas sueñan y escriben bajo los arbolibros? Cuando ves un arbolibro sin hojas, ¿es porque llegó el otoño?, etcétera.

e) Comenten las respuestas y después escriban en el pizarrón algunos enunciados que surjan como producto de la imaginación. Ejemplos:

- *Un arbolibro es un pensamiento que nació de una semilla de imaginación.*
- *Tengo un arbolibro en mi mochila.*
- *Los arbolibros dan sombra a mis ojos.*
- *Tú y yo leemos arbolibros en la biblioteca.*
- *En otoño se le caen las hojas al arbolibro.*
- *Los pájaros de los arbolibros deletrean sus canciones.*
- *Nunca cortes un arbolibro porque habrá un silencio eterno.*
- *No sueñan los poetas bajo los arbolibros sino que escriben sus versos en cada hoja que cae.*
- *La fruta del bien y el mal es la que madura en los arbolibros.*

f) Veamos otros modelos y anotemos nuevos enunciados. Por ejemplo:

¿Qué sería un **Botellángel**? ¿Una botella con alas o un ángel dentro de una botella? ¿Qué le dirías a un botellángel si una mañana llama a tu puerta? ¿Qué tienen de parecido un botellángel y un genio encerrado en una lámpara?

Observa las frases que pueden resultar del uso de la imaginación:

- *Ayer vi un(a) botellángel en el cielo.*
- *Las botellángeles vuelan en las vitrinas.*
- *Me tomé el líquido de un botellángel y pude volar.*
- *Un botellángel arrojado al mar reza por las espumas que se disuelven en suspiros.*
- *Las lágrimas de los botellángeles resbalan por las mejillas del reloj de arena.*

Un ejemplo más:

¿Cómo será un **ojoreja**? ¿Tal vez una oreja que anda mirando todo lo que pasa? ¿O un ojo que está quedando sordo? ¿O algo, alguien que ve los sonidos y escucha los colores y las formas? ¿Quizá lleva aretes en las pestañas o usa lentes para perseguir la música?

¿Cómo imaginas una **nubecasa**?
¿Y un **ojofoco**?
¿Cómo será un **marcorazón**?

¿O un **vientopájaro**?
Si le das un mordisco a una **manzanángel**, ¿sabrá dulce y jugosa? ¿tendrá un gusano en lugar de una serpiente?

g) Dibuja e inventa oraciones o frases con estos híbridos.
h) Crea nuevos matrimonios y sigue los pasos anteriores.

¿Qué te parecen esto dos de un **libroruga**?

1
El libroruga sueña conque sus hojas[48]
se transformen en alas;
por ello abre y cierra
su acordeón.
Oruga de palabras
o libro de pliegues verdes…
¿Quieres leer el rastro de versos que deja cuando pasa?
Dicen así:

Me encerraré en el cáliz de una rosa
porque mi sueño es tener alas perfumadas.
Diré al viento:
Voy contigo.

Quiero contarte la historia del espino y la seda
cuando se mece en un hilo
el péndulo de mi vida.
Quiero decirte que camino en las palabras.

Soy el libroruga en la barca de un pétalo
y sueño con mis alas perfumadas.

2
Libroruga, si caminas,[49]
solo veo un acordeón,

---

[48] Suárez Caamal, Ramón Iván. Poema inédito.
[49] *Ibídem.*

hojas verdes donde escribes
tierno poema de amor.
Soñarás alas hermosas
del color de la ilusión
cuando te duermas tranquila
en la cuna de la flor.

¿Quién es aquella criatura
que en un hada despertó?
¿Es un libro y una oruga
y también una canción?

i) ¡Ahora sí! A escribir versos con estos matrimonios de palabras. Y por qué no, a lo mejor hasta un poema.

LECCIÓN 4

ANIMALES POÉTICOS 1

CANCIÓN DE LA ELEFANDRA[50]

Érase que se era un elefante
que se quiso poner una escafante…
¡Ay, no! Quiero decir una elefandra
que se quiso poner una escafandra…
(¡Señor! Me da que estoy metiendo
la pata de un modo tremendo.)
El caso es que se le enredó la trompa
al tratar de ajustarse la escafompa;
y por más que tiraba y estiraba,
no lograba soltarse la escafaba…
(…¡Casi mejor que deje esta canción
de la pobre escafanta y su elefón!)

Laura E. Richards

¿Observaste como las rimas juegan y cambian el nombre del animal y de las otras palabras finales?: elefante, escafante; escafandra, elefandra; trompa, escafompa; estiraba, escafaba; canción, elefón. Al igual se juega con la acción absurda de un elefante queriendo ponerse la parte superior de los antiguos trajes de buzo.

Y hay otros animales asombrosos, los cuales aparecieron al intercambiar partes de sus nombres.

UN ÁLBUM DE ANIMALES EXTRAÑOS

CANTAR DEL ABEDRILO Y LA COCOJITA[51]

El cocodrilo quería dormir
y la abejita quería cantar,

---

[50] https://darabuc.wordpress.com/tag/poemas-para-ninos-en-ingles/

[51] *¡Hola!, que me lleva la ola. Rimas, juegos y versos*, selección de Sergio Andricaín, Alfaguara infantil, Libros del Rincón, 2006, p. 47.

él una almohada se fue a buscar
y ella una flauta y un cornetín.

La abedrilita empezó a tocar
y cocojito no quiso oír,
el cocodrilo quería soñar
y la abejita quería reír.

Y al poco rato de la función
el abedrilo se despertó,
calló la flauta y el cornetín:
la cocojita se durmió al fin.

Julia Calzadilla

Dibuja una cocojita y un abedrilo. Haz listas de animales, selecciona los nombres de algunos de ellos y combina partes de sus nombres: cocodrilo + abejita = cocojita y abedrilo.

rinoceronte + gaviota = rinoceta y gavioronte
orangután + mariposa =

Dibújalos y escribe acerca de ellos.

Hace algún tiempo, en una revista di con estos curiosos dibujos. Observa y comenta esta colección de ratones:

RATON-ENAMORADO

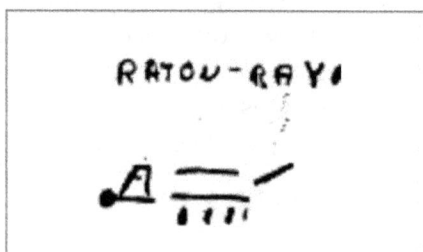

RATON-RAYI

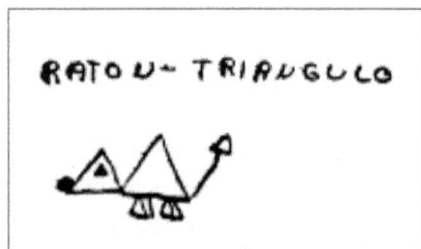

RATON-TRIANGULO

RATON-QUESO

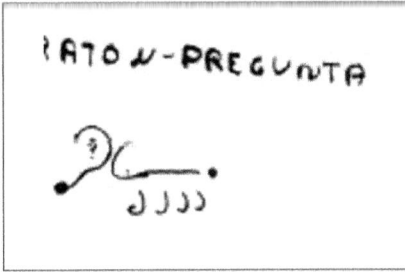

Dibuja colecciones de animales imaginarios: gatos, arañas, conejos, tortugas o lo que se te ocurra. Por ejemplo, cómo dibujarías una caracol-florero, un caracol-lágrima, un caracol-libro, un caracol-brújula, un caracol-autobús y un caracol-alfombra.

UNA FAUNA MITAD Y MITAD

¿Sabías que, aparte de los animales que vemos todos los días a nuestro alrededor, existen muchos otros que solo están esperando a que los llamemos para mostrarse? Para que te des cuenta de cuáles son, lee el siguiente poema:

PEJELUNA[52]

Pez del cielo,
casi plata,
casi hielo,
¿con qué redes,
con qué anzuelo
te captura
mi desvelo?

—Con el arpón de tu lápiz,
con la red de tu palabra,
con el minuto que enciende
su mágico abracadabra…

---

[52] Suárez Caamal, Ramón Iván. Poema inédito.

Imagina, imagina
que en el mangle y la hoja
luna blanca, luna roja,
soy un pez que ilumina…

Ramón Iván Suárez Caamal

Es cierto, en la oscuridad titilan las escamas de millones de peces que saltan, vuelan, se sumergen en el misterio de la noche: el pejestrella, el pejecometa, el pejesaturno. Para poder atraparlos debes usar la imaginación. Muchos de estos animales no solo habitan en el mar o en el cielo de tu fantasía, tienen formas extrañas o combinan partes de diversos animales y aun objetos. Así lo hace en su cuento "El híbrido"[53] Franz Kafka cuando describe un animal mitad gato mitad cordero:

Tengo un animal curioso mitad gatito, mitad cordero. Es una herencia de mi padre. En mi poder se ha desarrollado del todo; antes era más cordero que gato. Ahora es mitad y mitad. Del gato tiene la cabeza y las uñas, del cordero el tamaño y la forma; de ambos los ojos, que son huraños y chispeantes, la piel suave y ajustada al cuerpo, los movimientos a la par saltarines y furtivos…

¿Por qué no imaginamos otros animales mitad una cosa y mitad otra? Tal vez un pez cuya frente se prolonga en una linterna: pez-linterna (aunque ya lo hay), un lápiz-tórtolo (mitad lápiz, mitad paloma silvestre), quizá una tortujirafa, un pájaro-tijera, una marimboa, la garza-escalera, el lagartoro, la ballenaranja, el pejeguitarra o lo que se te ocurra. Es más, puedes recortar dibujos de diversas partes de animales y objetos y armar un collage con ellas o dibujarlos y, luego, escribir un poema que trate de ese animal. ¿Has visto alguna vez parvadas de pájaros-nubes?

La escritora Mar Benegas en su libro *A lo bestia*[54] imagina y describe a algunos extraños animales, aunque lo asombroso resulta de la combinación de sus nombres: oveja + vieja = ovieja.

---

[53] http://www.cinefantastico.com/terroruniversal/ficcion/index.php?t=cuentos&id=301&mode=cuento

[54] Benegas, Mar. *A lo bestia*, República de Kukudrulu, Madrid, 2011.

OVIEJAS

Son una especie de abuelas
que viven en el sofá.
Tejen los cuentos de lana
que luego te contarán.

También hice retratos de estos raros bichos: tuerta + tortuga = tuertuga, cocodrilo + moco = mocodrilo.

LA TUERTUGA

Especie pirata
con un parche al ojo,
al cofre que habita
le pone cerrojo.

EL MOCODRILO

¡Qué cosa fea!,
el mocodrilo
con desconsuelo
llora y moquea.
¡Dale un pañuelo!

Vamos a usar la imaginación para inventar muchos animales que están dentro de nuestras cabezas y quieren salir para que tú les pongas un nombre. ¿Y sabes cómo lo haremos? Muy fácil: vamos a leer de nuevo los poemas anteriores y vamos a disfrutarlos con la ayuda de dos amigas que siempre están con nosotros, nuestra imaginación y nuestra emoción. Después de esto, escribiremos versos sin olvidar ponerles ritmo. También podemos dibujarlos. Aquí te damos algunos de estos raros animales: locutorra, ligartija, orugarruga, calamor, caracoliflor, larvaDora, ruiseñorito, telefoca, moscanario, lagarto-tijera, rosabeja, gatorejasrosa, reloj-pez, arañaespejo, soloro, elefantasma, golondrinave, pulpoema, hipopoluna, y ciempeine.

Selecciona algunos, dibújalos y descríbelos en tus poemas. Va un ejemplo. Te presento al ciempeine: ¿Puedes dibujarlo?

EL CIEMPEINE[55]

En el pasto del cabello
de un viejito verde, verde
daba saltos sin remilgos,
enredándose el ciempeine.
De una chiquilla envidiosa,
por su cola de caballo,
baja a trote sin tropiezo
el ciempeine cabalgando.
Para atrás, para adelante
a galope va el ciempeine.
Si te miras al espejo
una mano es su jinete.
Cuando acaba su paseo
es que el ciempeine descansa
junto al pájaro-tijeras
y el gel verde casi rana.

PARTE ANIMAL + PARTE OBJETO

Quiero mostrarte el fragmento del texto de un animal curioso que crearon Xosé Ballesteros y Juan Vidaurre:

LA LLAVECILLA[56]

Ave urbana de la familia de las secretonas, que suele hacer su nido en cofres, cajas de música o cajones olvidados. Si, azarosamente, se encuentra con un cortaplumas, formarán pareja en un abrir y cerrar de ojos (…). A partir de uno de los inicios siguientes, escribe un texto acerca de la navecilla, que puede resultar de la combinación de un barco pequeño y un pájaro o de un ave y un platillo volador.

---

[55] Suárez Caamal, Ramón Iván. *Zig Zag Zoo*, libro inédito.

[56] Ballesteros, Xosé. *Imagina animales*, Kalandraka, 2008.

LA NAVECILLA

a) Ave de la familia de las garzas, sobre todo, por el color espuma de su plumaje. Le gusta flotar sobre las olas…
b) Pájaro extraterrestre de la familia de los platillos voladores. Sus plumas metálicas deslumbran cuando la luz del sol se refleja en ellas…

UN ZOO MUY ILÓGICO

En nuestro mundo imaginario habitan otros animales igual de extravagantes. Descúbrelos en el texto que sigue:

El Zoo-ilógico[57]

En nuestro zoo-ilógico hay animales que no existen en los zoológicos comunes. Veamos algunos ejemplares:

El **delCOMIENZO**: es parecido al **delFÍN**, solo que cuando todos terminan de saltar y chapotear, él apenas está empezando.
El **guacABRIL**: a primera vista, es idéntico al **guacaMAYO**, pero es solo posible verlo durante las lluvias de abril.
El **BANANOdrilo**: tiene la apariencia de un **COCOdrilo** común, pero es mucho más alargado, blando y amarillo.
La **LAGOmota**: es un roedor casi idéntico a la **MARmota**, pero, como podrán notar, es mucho más pequeña y casi casi no se mueve.
El **mosBUENOSAIRES**: Hermano de sangre del **mosQUITO** que habita en la capital del Ecuador pero que prefirió volar hacia el sur, porque en vez de insecto se creía Drácula.

Edgar Alan García

Armado con una lupa y un sombrero de mago descubrí otros: el otorrinoceronte, el zopivivienda, el hamacarón, la lechugaibrí, el pavo fantasma, la luisaconda, el murcieocéano, el cafecolote, el entramón, el escaarriba, el biaraña, la cebollalote, el micán y el gatoguro. Descu-

---

[57] Este texto fue tomado de la revista virtual *Imaginaria* no. 26, mayo de 2000.

bre con qué animales están emparentados, localiza más de estas bestiecillas, dibújalas y escribe acerca de ellas.

ESPECÍMEN	ANIMAL DEL QUE SE ORIGINA
Biaraña	
Lechugabrí	
Pavofantasma	
Cebollalote	
Micán	
Cafecolote	
Entramón	
Gatoguro	
Escararriba	

Escribe textos de algunos de los animales anteriores. Fíjate en este que te proporciono:

EL PAVO FANTASMA

El pavo fantasma es parecido al pavo real y, aunque pensemos que luce la elegancia de sus plumas, como su pariente, el abanico de su cola es traslúcido o cual si estuviera hecho de niebla. Eso sí, ambas especies lucen muchos ojos en su plumaje, aunque los del pavo fantasma están cerrados. Otra diferencia con su primo es que le agrada salir en las noches oscuras con la esperanza de asustar a los caminantes que trasnochan. Una cualidad de esta ave es su canto, el cual es bellísimo y, con él, atrae a sus víctimas. Si alguna vez, cuando regresas por un camino solitario, ves al pavo fantasma lucir bajo la luz de la luna, puedes, armándote de valor, sacar tu celular y tomarle una fotografía. Seguramente será reproducida miles de veces por internet.

LECCIÓN 5

SI DE MENTIR SE TRATA...

VI UN PAVO REAL CON LA COLA EN LLAMAS[58]

Vi un pavo real con la cola en llamas
Vi un cometa ardiendo que echaba ramas
Vi una nube envuelta en hiedra
Vi un roble que reptaba sobre la tierra
Vi una hormiga tragarse una ballena
Vi el mar rebosante de cerveza
Vi una hermosa copa de tres metros de altura
Vi un pozo lleno de lágrimas de tristura
Vi los ojos rojos de un fuego rugiente
Vi una casa más grande que el sol poniente
Vi la luna salir al mediodía
Vi al hombre que vio toda esta maravilla.

Anónimo

Y tú, ¿qué viste? Vamos a decir mentiras. Gana el que diga la mejor. ¿Qué gana? Una estrella en la frente. Una estrella de mar para que el agua le moje las mejillas y para que las olas suplan su llanto. O para que sienta en sus labios la sal del mar. Entonces su pensamiento se irá en un barco de papel y sus ojos serán dos peces voladores. ¿Te interesa? Comencemos con unos versos del poeta brasileño Vinicius de Moraes:

LA CASA[59]

Era una casa
muy alocada:

---

[58] Bloom, Harold. *Relatos y poemas para niños extremadamente inteligentes de todas las edades*, Anagrama, 2012, p. 139.
[59] Fonseca, Rodolfo. *Vuelo de voces. Antología de Poesía Iberoamericana*, Ed. Castillo, 2014, p. 121.

no tenía techo,
no tenía nada.

Nadie en la casa
quedarse quiso
porque la casa
no tenía piso.

Ninguna hamaca
podían colgar:
no había paredes
en ese hogar.

Nadie podía
hacer pipí,
pues ningún baño
tenían allí.

Estaba hecha
con mucho esmero:
Calle Los Bobos
número cero.

Vinicius de Moraes

¿Crees posible que exista esta casa de nada? Que bien se siente escribir versos en donde sus historias plantean disparates, donde la realidad es un juego de disfraces y se distorsionan los espacios y cuerpos. Pinocho de pino hubiese estado contento con tanta mentira y su nariz llegaría al cielo. La poesía infantil trae una larga muestra de estas mentiras en verso:

VAMOS A DECIR MENTIRAS[60]

Tiroliro, lirotiras,
vamos a decir mentiras…

---

[60] Suárez Caamal, Ramón Iván. *Contar y cantar*, Editorial Nave de Papel y Ediciones Insoportables 2020. pp. 50-53.

1
Pinté de verde una silla,
parece que retoñó;
de tanta fruta que dio
le dolían las astillas.

2
En su telar una araña,
—coqueta en su casa rosca—
se rizaba las pestañas
con la pata de una mosca.

3
Conozco un mosco del dengue
muy raro en su proceder
porque le gusta beber,
en vez de sangre, merengue.

4
Un ángel me visitó
y me dijo: ¿Cuándo subes?
¡Qué bella ventana del cielo!,
las cortinas son de nubes.

Para escribir mentiras en verso pero que parezcan verdades (las buenas mentiras así son), se pueden seguir estos caminos:

Exagerar y exagerar.

- Escribir situaciones disparatadas y absurdas.
- Inventar hechos, paisajes o personajes francamente imaginarios.
- Escribir lo contrario de lo que normalmente ocurre.
- Emplear rimas que ayuden a lograr lo ilógico de la mentira.

En la poesía popular anónima hay bastantes ejemplos:

LAS MENTIRAS[61]

Hora que voy de pasito,
voy a cantar las mentiras:
por el mar corren las liebres;
por el cerro las anguilas.
Laralá, lalala,
Laralá, lalá.

Yo tenía un caballo en Francia
con una pata en Jerez,
y de ver la maravilla
lo eligieron para juez.

Laralá, lalala,
Laralá, lalá.

Por el mar venía una chinche
con la cabeza en Fresnillo,
y de ver la maravilla
la vistieron de amarillo.

Laralá, lalala,
Laralá, lalá.

De las costillas de un piojo
yo vi estar formando un puente,

y por el pico de un gallo
había de pasar la gente.

Laralá, lalala,
Laralá, lalá.

Un burro estaba estudiando
modo de subir al cielo,

[61] Mendoza T., Vicente. *Lírica infantil de México*, Lecturas 26 Mexicana, Fondo de Cultura Económica, 1984, pp. 167-168.

cuando lo pudo aprender
tuvo que empezar de nuevo.

Laralá, lalala,
Laralá, lalá.

Óigame usted, señorita,
las mentiras le canté:
si le gustan, está bien;
si no, cántelas usted.

Prepárate para escribir una historia disparatada. Recuerda que las rimas deben servirte de alas para que tu mentira vuele lo más alto posible.

¿SERÁ CIERTO?[62]

Este era un gato
con siete colas
y en cada una,
una pistola.

Cuando dispara
siete maullidos
huyen los perros
entre ladridos.

¡Cómo disparas,
gato gatillo!,
veloz revólver;
¿sheriff o pillo?

Con siete colas
érase un gato:
siete pistolas
del turulato.

Ramón Iván Suárez Caamal

---

[62] Suárez Caamal Ramón Iván. *Contar y cantar,* Editorial Nave de Papel y Ediciones Insoportables 2020. pp. 54-55.

Hay un libro muy divertido: *Yo no hice mi tarea porque...*[63] y, en él, sus autores David Cali y Benjamín Chaud, por medio de ilustraciones y frases, expresan sus mentiras. Comienza así:

> Entonces, ¿por qué no hiciste tu tarea?
> No hice mi tarea porque...
>
> Un avión repleto de monos aterrizó en nuestro patio.
> Un robot descontrolado destruyó nuestra casa.
> Unos duendes escondieron todos mis lápices...

A ver, inventa tus pretextos, es decir, tus mentiras:

> Y tú, ¿por qué no hiciste tu tarea?
> No hice mi tarea porque...

_____

_____

_____

No hay canción más fantasiosa que la de los elefantes que se columpiaban sobre la tela de una araña. ¿Te la sabes? Vamos a cantarla. Y hablando de elefantes, ¿qué te parece este inicio?, ¿lo quieres continuar?

> En su viaje un elefante y una araña
> —muy amigos desde el Arca de Noé—
> temerosos van en aguas del Diluvio
> pues su barco es una cáscara de nuez.

Tal vez quieras retomar algunos de estos inicios para escribir tu poema.

> Iba un perro guitarrista a su concierto...
> La pulga astronauta...
> Una jirafa en su taxi rosa...
> Un topo cirquero con su sombrero...
> Un anguila electricista.

_____

[63] Cali, David y Chaud, Benjamín. *Yo no hice mi tarea porque...*, Ed. Tecolote, 2013.

Una tortuga bombero el agua apagaba...
El lobo tenor llevó serenata...
Cómo masca la mosca chiclera.
La araña quinceañera.
Historia de una hormiga holgazana...
El pulpo trompetista...
Don Caracol en las Olimpiadas...
Doña Catarina es hada madrina...
El pelícano es peluquero...
Las luciérnagas están en huelga...
Hice un ramo con flores de tres ojos...
Estudio para profesor de adivinanzas...
El mar cabe en la palma de mi mano...
Hay moscas que pueden cargar una ballena...
Mi lápiz tiene nariz de Pinocho...

Sigamos con las mentiras. Shel Silverstein en su poema "Si el mundo estuviera loco"[64] plantea una serie de extravagancias:

Si el mundo estuviera loco, ¿sabes qué comería?
Rebanadas de sopa y litros de carne fría,
helados secos y otras cosas bien sabrosas:
pastelillos de bici, bocadillos de gaseosas,
ensaladas de libretas, camisas en salazón,
tortillas de sombreros, crujientes tostadas de cartón
y batidos de lápices con margaritas y coco...

Y en cada estrofa escribe una locura: vestirse con trajes de chocolate y corbatas de ambrosía, usaría paraguas de papel bajo la lluvia, navegaría por el mar en su zapato, se bañaría en la escalera y más y más locuras. Que tal si inventas más frases como las que siguen y a partir de alguna desarrollas tu poema.

Si juego fútbol con un balón de nada...
Si le doy un beso a la neblina...
Si escribo con el humo...

---

[64] Silverstein, Shel. *Donde el camino se corta. Nuevos poemas para reírse*, Ediciones B, Grupo Zeta, p. 146.

Si le digo al fuego que se vuelva juego…
Si canto con los pies…
Si ves llorar a las esponjas…
Si el mar viajara por el cielo…

Y si metiéramos una ballena dentro de un circo.

EL CIRCO AZUL[65]

Para Marc Chagall

¿Qué será más fácil?
Meter una ballena en un circo
o meter el circo dentro de la ballena
y que se haga la función
bajo un cielo de luminoso plancton.
Este es el circo de tres pistas:
la primera, nos dice
que peces payasos nos harán llorar,
en la segunda, van a trote caballitos verdes
mientras un gallo toca su tambor,
a la tercera, la desapareció un mago
y la sacará de la oreja de alguno de ustedes.
El circo dentro de una ballena.
La ballena dentro de una pecera.
La pecera dentro de una cebolla que nos hace llorar.
Con nuestras lágrimas respiramos
y somos libres en el chorro de agua que besa el cielo.

Cuando exploras el mundo de las mentiras no sabes lo que vas a encontrar. Roald Dahl en su poema "No sabemos lo que veremos"[66] da con monstruos de los más extraños.

Veremos quizá al monstruo de la nieve,
el de muchas cabezas: treinta y nueve.

---

[65] Suarez Caamal, Ramón Iván. *El circo de tres pistas*. Libro inédito.
[66] Roald, Dahl. *Poemas y canciones*. Alfaguara infantil y juvenil, 2007, p. 105.

El que estornuda y tiene tantos mocos
que cinco mil pañuelos le son pocos.

O veremos al vil Scrunch moteado,
el que se zampa a un hombre de un bocado.

El poeta Juan Lima nos muestra un árbol que crece dentro de un libro y esa es una hermosa mentira:

Un árbol ancho y antiguo[67]
con cara de bueno
está parado
a mitad del poema…

Te proporciono nuevos inicios. Inventa otros y escribe tus versos mentirosos. Ilustra con dibujos tu poema. Lee y comenta el que puse de ejemplo.

Un barco de papel navega en una lágrima…
Quiero hacer una escalera de luz…
Hola, Doña Luna, ¿tiene lleno el buche esta noche?...
¿Qué sueñan los caimanes con la bocota abierta?…
Con un trapo sequé el mar…
Dos gatos y dos ratones…
Hoy bauticé a mi teléfono…
Mis gafas con vidrios uno verde y otro rojo…
Un elefante en un globo salió de excursión al mar…
Mi corazón le dijo a mis ojos…
Sueño cuando estoy despierto..
Hay un ángel en la cuchara de sopa…
Una mosca se puso una máscara de luchador…

---

[67] http://bibliopoemes.blogspot.com/2016/07/botanica-poetica-llibre-de-poesia.html

LECCIÓN 6

LAS PALABRAS-ESPEJO/
LOS ESPEJOS-PALABRAS

Muchos tenemos entre nuestros objetos personales un espejo. Cada mañana, antes de salir, nos peinamos frente a él, nos arreglamos la ropa, sonreímos. Un espejo siempre es sincero, nos dice la verdad. ¿Tú tienes uno? Si no está en tus manos, dile a tu papá o mamá que te lo regale. O cómpralo pues lo necesitarás si tienes interés en las actividades artísticas.

Los espejos son mágicos. La madrastra de Blanca Nieves tenía uno al que le preguntaba en su vanidad: "Espejito, espejito: ¿quién es la más hermosa?" En un libro titulado *Los espejos de Anaclara*,[68] su autora Mercedes Calvo se pregunta:

> *Espejo, espejito*
> *yo no quiero saber quién es más bella.*
> *Solo dime tres cosas*
> *espejito:*
> *quién soy,*
> *quién fui,*
> *quién seré.*

Las palabras, ¿lo has pensado alguna vez?, son espejos. Reflejan lo que nombran. Si decimos o pensamos "árbol", inmediatamente asoma una imagen en nuestra mente: algo con raíces, tallo, ramas, hojas, tal vez flores y frutos, a donde llegan los pájaros. Pero las palabras pueden ser, como en Blanca Nieves, espejos mágicos que nos muestran (no a nosotros) lo hermosa que es la vida. Aunque también hay algunos que deforman lo que vemos. ¿Has entrado al "Salón de los espejos" que llegan de cuando en cuando con algunos circos o en las ferias? Allí, de repente, tu figura se alarga y eres más alto que una ji-

[68] Calvo, Mercedes. *Los espejos de Anaclara*, Fondo de Cultura Económica, 2009.

rata o una mata de cocos. Ó gordo, gordo como un hipopótamo. Quizá parezca que tienes los pies pegados a la cabeza o tus brazos se mueven igual que las alas de una libélula o un colibrí. ¿Qué tal si sacas tu espejo-palabra para mirar y nombrar de un modo nuevo los objetos, animales y plantas que nos rodean?

Lee nuevamente el texto de Mercedes Calvo. Platica con tus compañeros en torno a las preguntas: ¿Quién soy?, ¿quién fui?, ¿quién seré?, que plantea el poema y luego lee los siguientes versos:

SOY UN NIÑO[69]

Antes de venir al mundo,
al sol, al agua y al aire
era –creo– una semilla
en el vientre de mi madre.

Ahora soy un pequeñín
de ojos traviesos y grandes
y el mejor de los jinetes
cuando juego con mi padre.

En la ronda de los días
mañana seré un gigante
que tenga el sol en las manos
y en el pecho un sol más grande.

Ramón Iván Suárez Caamal

Conviértete en un personaje y lee en voz alta los textos siguientes:

TRES RETRATOS AL CARBÓN[70]

¿QUIÉN FUI?

Antes de venir aquí,
yo fui un gato que grandote

---

[69] Suárez Caamal, Ramón Iván. *Poemas para los más pequeños*, Ediciones Nave de Papel, 2004, p. 6.

[70] Suárez Caamal, Ramón Iván. *En un jardín*, ed. cit., pp. 7-8.

se lamía los bigotes
y el rocío en la nariz.

Arañé una nube gris,
quise un pedazo de luna.
No me digas que ninguna
rebanada es para mí.

No me preguntes quién fui.
Siente el calor de mis pasos.
Mira que estoy aquí.
Acúname entre tus brazos.

¿QUIÉN SOY?

Soy un nido de canciones,
un enjambre de preguntas,
un sol de mil corazones.
Abro el mundo que despunta.
Tengo miedos y sonrisas,
aún no sé qué son las cosas,
me asombran las mariposas,
las persigo con la brisa.
Semilla, semilla soy
en el surco del cariño.
¿Me preguntas quién soy yo?
Te diré que soy un niño.

¿QUIÉN SERÉ?

¿Quién seré? Aún es lejos…
Tal vez árbol con mil aves,
quizá capitán de naves
en el mar de los espejos.

Caballito marinero
me servirá de montura
en la mágica aventura
de ser como yo lo quiero.

Será mi espada la luna;
el sol, mi escudero fiel
y en un barco de papel
conquistaré la fortuna.

Otra opción sería escribir sin un orden preciso, parecido a estos versos:

No quiero ser grillo,
tampoco lagarto,
y menos hormiga;
mejor soy un sapo
que croa contento
si salta en el charco;
pues si soy hormiga,
por la rama bajo;
si ven que bostezo,
me dicen lagarto;
y si, grillo alegre,
en la hierba canto.
Mejor, en la lluvia,
soy músico sapo
que anuncia en el coro
que acabó el chubasco.

¿Qué te parece si empiezas a escribir tus textos a partir de los ejemplos anteriores?

Te propongo un nuevo ejercicio con tu espejo-palabra y con la palabra-espejo de otros poetas. Fíjate como el escritor Triunfo Arciniegas[71] habla de un niño a partir de un juguete:

Con el lápiz del trompo
el niño escribe sobre el polvo
la historia de su vida.

---

[71] Poemas con sol y son. *Poesía de América Latina para niños.* Coedición Latinoamericana, 2002, p. 24.

¿Cuál es la historia de tu vida? Escribe un inicio similar utilizando tu juguete preferido.

_____

_____

_____

_____

_____

_____

Corta una hoja en partes pequeñas y en cada una de ellas escribe los nombres de dos de tus juguetes preferidos, alguna mascota, tus temores o miedos, lo que recuerdes de tu cumpleaños, algunos acontecimientos agradables y otros desagradables, las dos primeras palabras que se te ocurran.

Dobla los pedazos de papel y ponlos frente a ti.

Cierra los ojos y recuerda alguna situación de cuando eras más pequeño.

Escoge 6 de esas palabras y escríbelas en columna.

Escribe frases poéticas con cada una.

Por ejemplo, si salió alguna de tus miedos, se pudiera escribir:

Los relámpagos gruñen,/me enseñan sus dientes de oro en la oscuridad...

O si la palabra trataba de tu mascota, sería esta frase:

Mi gata salta del sillón a las nubes...

Tuve una vaca con cuernos de luna/la cola de estambre/ojos de aceitunas...

Si se trata de un suceso desagradable o afortunado, podrías escribir:

Salvé a la abeja de morir ahogada/y la cruel hundió su lanza en mi dedo...

El circo es una ballena;/yo no me llamo Jonás/aunque quiero que me trague...

No lloro, no; es que salí a mojarme con la lluvia...

Si cumples años podrías escribir:

Mi pastel era un castillo;/las velas, siete dragones...

Ya sé contar/los cinco dedos de mi mano derecha/las ocho patas de una araña...

Te platico un recuerdo de mi infancia. Cuando tenía siete años vivía en un pequeño pueblo de calles sin asfalto. Cerca de la plaza habían puestos donde vendían jugos de frutas. La basura (cáscaras, semillas) las amontonaban en la calle y con la lluvia brotaban plantas de mango, naranjos, mamey. Me gustaba arrancar esos brotes y sembrarlos en el patio de mi casa. De esos recuerdos surgió el poema que te comparto.

EL CORAZÓN DE ABRIL[72]

Naranjo,
¿me regalarás tus frutos
alguna vez
si te siembro ahora?
Te traeré la lluvia con mis manos
Semilla,
promesa,
después el tronco flacucho
(como soy este día)
y las dos pequeñas hojas
de un verde luminoso
del Ángel de mi Guarda.

¡Naranjas de oro!
¡Hay naranjas!
Cada mitad las horas:
doce son las del día,
de la noche las otras doce;
la luna redonda y blanca,
el sol y sus gajos.

No quiero dejar de ser niño
si tengo sed
a la mitad de su infancia.

Naranjo,
¿me regalarás tus frutos
alguna vez
cuando seamos grandes?

[72] Suárez Caamal, Ramón Iván *Un árbol florece sueños*, ed. cit., pp. 14-15.

Los niños —tú eres uno— viven un mundo de imaginación y juegos: un trozo de madera es un barco o un avión, ganan y pierden batallas en sus videojuegos (y no hay rencores), regalan sonrisas, hacen berrinches que instantáneamente olvidan, van o se escapan de la escuela.

Hace algún tiempo saltaban en zancos de lata, hacían (aún hacen) zumbar sus trompos, arrojan en un abrir y cerrar de ojos sus canicas muy cerca de las estrellas, les gusta bañarse en la lluvia y suben a los árboles o elevan sus papagayos que dan piruetas entre las nubes.

También las palabras sirven para jugar. Pueden ser llaves (o espejos) que nos permiten llegar al misterio de la vida. A continuación te proporciono una lista de palabras distribuidas en columnas. Agrega en otra columna las que requieras, o cambia unas por otras. Te servirán para crear tu poema.

Paloma	Gato	Viento	Papá	Gallos
Espejo	Iguana	Pájaro	Mamá	Magia
Colibrí	Polvo	Pañuelo	Infancia	Ranas
Ventana	Estrellas	Libros	Sol	Noche
escalera	Lluvia	Hormigas	Barco de papel	Serpientes
Reloj	Rama	Juguete	Muñeca	Papagayos
Miedo	Lágrimas	Amigos	Oscuridad	Puerta
Trompo	Sonrisa	Abuelos	Playa	Flores
Poeta	Lápiz	Patines	Sueños	Perro
Colores	Bicicleta	Luna	Arañas	Retrato

Con toda libertad e imaginación escribe en los espacios puntuados las palabras que creas ayudarán a desarrollar tu poema. Puedes agregar los artículos o preposiciones que hagan falta, ponerlas en singular o plural, masculino o femenino.

EL/LA NIÑO(A) DEL ESPEJO

Por ....

Soy .... que pasea ....
Abro ....
y entro a .... para mirar ....

A veces ....

me asusta ....

Ayer cumplí ....

mis amigos me regalaron ....

Ayer subí a ....

y me encontré ....

Lo guardé en ....

¿Me lo compras?

Vale cincuenta ....

Si quieres, te cambio .... por ....

Tengo las manos llenas de ....

para dártelas en .... porque soy ....

que ama ....

Continúa escribiendo el poema.

LECCIÓN 7

LAS GREGUERÍAS

Camina don Ramón Gómez de la Serna[73] aparentemente distraído mientras habla para sí en voz alta:

> *El hielo se derrite porque llora de frío./La jirafa es un caballo alargado por la curiosidad./ —¿Los peces lloran? —Los peces no necesitan llorar, porque el mar es pura y salada lágrima.*

Su mente es una red que atrapa aquí y allá los aspectos más curiosos y divertidos de las cosas y de las circunstancias. Agrega y suprime, asocia y destaza las palabras, encuentra semejanzas en las diferencias, juega con los sonidos, se divierte saltando de una idea a otra. Nace así su más genial creación: la greguería, esa joya verbal de su imaginación desbordada.

Las greguerías son frases que retratan, desde un punto de vista extraño, realidades diarias con humor o ironía, sobre la base de expresiones ingeniosas, alteraciones de frases hechas o juegos de contenido o fonéticos. Ejemplo de este último podría ser: La liebre es libre.

Para escribir greguerías es importante poner en marcha el subconsciente, o sea, lo que el azar nos regala, las asociaciones que llegan como un chispazo, lo accidental, lo fortuito de la invención. Algunos estudiosos de las greguerías enlistan estos procedimientos para crearlas:

1. A veces es una asociación puramente visual: *En el cisne se unen el ángel y la serpiente. / El humo no logra pintarle bigote al cielo.*
2. También puede surgir de la asociación entre palabras que suenan semejantes: *La liebre es libre.* (La aliteración li y la supresión de la vocal e causan el efecto poético). *Aquel señor tenía un tic. Si tuviera también un tac sería reloj.*
3. Otros elementos de su cocimiento son el humor y la metáfora: *La letra B es la nodriza del alfabeto. / El elefante es la enorme tetera del bosque.*

---

[73] http://www.todoele.net/literatura_mat/Greguerias2.pdf

4. La observación de un hecho común y cotidiano que se convierte en imagen poética gracias a una sencilla asociación: *De la nieve caída en los lagos nacen los cisnes./La mujer pinta sus uñas para tener diez corazones a mano.*
5. La inversión que da lugar a lo humorístico: *El polvo está lleno de viejos y olvidados estornudos./Cuando se seque el mar, será el Diluvio de los peces.*
6. A partir de un refrán, una frase del dominio común: *Tomó tan en serio eso de "ahogar las penas" que se tiró al río./Cómo pueden los locos de atar soltar tantas ideas descabelladas.*

Las greguerías no son simplemente juegos de palabras o humorismos gratuitos. Al capturar el instante, las palabras atisban en el misterio que solo la poesía puede dar.

PENSEMOS GREGUERÍAS

Empecemos por aquellas que descubren semejanzas entre los términos o elementos de que está hecha la realidad. Para crearlas debe hacerse una cuidadosa observación de la realidad. Supongamos que nuestro sujeto poético es una tortuga. Tiene como características principales su lentitud, longevidad, piel arrugada, su carapacho, etcétera.

Lentitud:
Tortuga: reloj de pared descompuesto.
Los días aburridos navegan sobre el carapacho de una tortuga.

Piel arrugada:
En pleno verano usan bufanda las tortugas.
Viejas verdes, las tortugas estiran el cuello para quitarse los años.

Carapacho:
Los caracoles y las tortugas nunca pagan renta.
Las tortugas duermen siempre a puerta cerrada.
Tortuga boca arriba: anticipo de cazuela.

HAGAMOS GREGUERÍAS

Cuando pescamos en las aguas profundas y transparentes de la imaginación a veces muerden el anzuelo las greguerías, esos raros peces descubiertos por el escritor español don Ramón Gómez de la Serna. Él las define así : Humor + Metáfora = Greguería. Podríamos agregar que es una imagen, producto de asociar dos realidades con algún punto de semejanza. Van algunas de este autor:

Las grandes mariposas encuadernan el aire.
Los que hablan por teléfono, fuman en pipa por el oído.
Los lagartos siempre están en concurso de bostezos.
Sastre siniestro compra telarañas.
Cuando llueve, Dios toma fotografías.
Después del eclipse, la luna se lava la cara para quitarse el tizne.
Las flores que no huelen son flores mudas.
Lo más maravilloso de la espiga es lo bien hecha que tiene la trenza.
El tenedor es el peine de los fideos.
El pez más difícil de pescar es el jabón dentro del baño.
Trueno: caída de un baúl por las escaleras del cielo.
Los tornillos son clavos peinados con raya en medio.
Roncar es tomar ruidosamente sopa de sueño.
Como daba besos lentos, duraban más sus amores.
Cuando el martillo pierde la cabeza los clavos se ríen.
El libro es un pájaro con más de cien páginas para volar.
El cerebro es un paquete de ideas arrugadas que llevamos en la cabeza.
Los perros nos enseñan la lengua como si nos hubiesen tomado por el doctor.
La lluvia es triste porque nos recuerda cuando fuimos peces.
Lo más importante de la vida es no haber muerto.
El viento es torpe: el viento no sabe cerrar una puerta.
El agua no tiene memoria: por eso es tan limpia.
La pulga hace guitarrista al perro.
El perfume es el eco de las flores.
Abrir un paraguas es como disparar contra la lluvia.

Copia las greguerías de las letras y números que te parezcan más interesantes. Disfrútalas y explícalas:

La A es la tienda de campaña del alfabeto.
La T es el martillo del abecedario.
La X es la silla de tijera del alfabeto.
La Q es un gato que perdió la cabeza.
La O es el bostezo del alfabeto.
La b es un caracol trepando por la pared.
No es que la H sea muda; es que quedó afónica la pobre.
M, M, M: tres pajaritos con hambre.
De un puntapié la Z se convirtió en N.
La i es el dedo meñique del alfabeto.
La Ñ es una N con peluquín.
Los ( ) engordan mientas más palabras se traguen.
La F viene de Farol aunque nadie la encienda todavía.
La Y es una rama en otoño.
¿Verdad que 3 es la mitad de 8?
Al número 4 se le perdió el barco que dibujó un niño.
El 0 es un huevo del que brotó la nada.
El 0 y el 1 son el gordo y el flaco de las películas mudas.
El 6 es el número que va a tener familia.

Podemos escribir greguerías como si cantáramos los naipes de la lotería:

D
Veloz, derecha:
¿Qué no tiene la D?
—Su flecha.

W
Lo callo o lo digo:
A esta letra
no le pusieron corpiño.

Escribe greguerías de las letras y los números.
Une con líneas la palabras de la primera columna con las que le correspondan de la segunda.

El primer beso	...es el incienso de la civilización.
El cometa	...es el agua vestida de novia.
El arcoíris	...es la pecera de las ideas.
La lagartija	...es el fantasma del agua.
El vapor	...es la trenza de lo escrito.
La escalera de caracol	...es el broche de las tapias.
La leche	...es un robo.
El etc, etc., etc., ...	...es el ascensor a pie.
La cabeza	...es la oruga.
La gasolina	
El más pequeño ferrocarril del mundo	...es la cinta que se pone la naturaleza después de haberse lavado la cabeza.

A continuación, escribe en el espacio en blanco la palabra que creas que complete cada greguería. Tómalas del listado que está al final de este ejercicio.

La _____ es la I después de comer.
El agua se suelta el pelo en _____ .
_____ son estornudos de Satanás.
_____ es un pájaro con más de cien páginas para volar.
_____ es el pez más difícil de pescar en el baño.
Este señor tenía un tic; si tuviera un toc sería _____ .
A las 3 con 15 minutos _____ abren las alas para volar.
Lo único mío —ya lo sé— es _____ .
_____: el que pone banderillas a las ballenas.
_____ es el ladrido de los pulmones.

(La tos, un reloj, las cascadas, el miocardio, la luna, las chispas, O, el libro, arponero, las agujas del reloj, el jabón). Te comparto varias más:

Cuando hay lluvia de estrellas, el cielo se humedece con resplandores.

El pañuelo, que seca tus lágrimas, da palmaditas de consuelo a tus ojos.
Cuando amanece el sol bebe la noche en gotas de rocío.

A las seis y media, el reloj baila de puntitas el ballet del tiempo.

Era tan, pero tan olvidadizo que sus lagunas mentales le desbordaban el rostro.

No te hagas olas, le dije a aquel pobre hombre perdido en un mar de confusión.

Murciélagos dormidos: corbatas en los roperos de las cavernas.

La luna es una vaca, ¿no? Tiene cuernos. Es de queso.

Cuando Dios hizo al ornitorrinco estaba aburrido de trabajar.

Los signos de interrogación ¿ ? son los anzuelos de la duda.

El tartamudo come tarta de palabras y habla siempre con la boca llena.

La piña es el pavo real de las frutas.

Con las greguerías se pueden escribir poemas a modo de definiciones imaginativas:

Iceberg[74]

Hielo
tímido.
> *Antonio Orlando Rodríguez*

El balero:[75]
un señor
que intenta una
y otra vez
colocarse
la cabeza
en el cuello.
> *Andrés Acosta*

Reloj:
gotero
del tiempo.
> *Ramón Iván Suárez Caamal*

Haz tus definiciones poéticas a modo de greguerías.

---

[74] Orlando Rodríguez, Antonio. *Los helados invisibles y otras rarezas*, Editorial SM, 2014.

[75] Acosta, Andrés. *El libro de los fantasmas*, Fondo editorial del Gobierno de México, 2014.

En su libro *El lenguaje de las cosas*, María José Ferrada inicia muchos de sus poemas con una greguería a modo de definición. Cito algunas de esas líneas iniciales:

Las lámparas que cuelgan del techo son los soles de la casa.
¿Es verdad que los cuadros son las estampillas de las casas viajeras?
Los fósforos son las semillas alargadas del fuego que viven en el interior de su casa.
Los libros son una especie de árboles con hojas que en lugar de primaveras tienen cuentos.
Las botas son las casas abrigadas de los pies.

A partir de esa idea María José expande imaginariamente su texto. Cito un fragmento de su poema:

*Las tazas son una piscinas muy pequeñas que sirven
para poner el té.*

*Si la gente también fuera pequeña podría nadar en
ellas o dormir una buena siesta (siempre que no
hubiera té dentro)...*[76]

A partir de una greguería de don Ramón Gómez de la Serna, escribí: "Pingüino es una palabra atacada por las moscas".

Sobre la palabra pingüino
revolotean las moscas;
supongo que será
porque huele a pescado.
Una yegüita
las espanta con su cola.

Si alguien quiere escribir greguerías no ha de hallarlas en los prados de la razón sino en los valles de la imaginación. Es más, ellas te encuentran, llegan a toda carrera y te dan los buenos días o las buenas noches y te invitan a cerrar los ojos y a soñar. Pueden hacerse por te-

---

[76] Ferrada, María José. *Op. cit.*, p. 18.

mas o por grupos afines. Por ejemplo, elaborarlas sobre oficios y trabajos, lugares, avisos publicitarios o lo que se nos ocurra.

Mientras escribía un libro acerca de los circos empezaron a llegar las greguerías, así que levanté una carpa especial para alojarlas:

[Los conejos tienen las orejas largas por culpa del mago que una y otra vez los saca del sombrero]

[El ilusionista corta con una sierra, por la mitad, a su asistente, como si fuera jamón embutido. Quiera Dios no la convierta en fiambre]

[Este es el séptimo vestido que pruebas y aún no te decides —le recriminé a la mujer serpiente]

[¿Cuándo terminarán de quitarle el vendaje a las cebras?]

[El circo, ese enorme barco fantasma, navega entre brumas y sueños sobre el mar de los aplausos]

[Mujer barbuda busca pareja sentimental. Abstenerse peluqueros]

[La chistera del mago es la caja fuerte de la Creación]

[Todos quedamos mudos cuando el hombre-bala emigró con la bandada de patos que pasaba en ese instante]

[Tan cansado está el elefante del circo que hasta el rotulista se equivocó al escribir su nombre en el letrero: Paquiduermo.]

[—¿Dónde estará el niño qué hice desaparecer? —se pregunta perplejo el mago]

[La sonrisa de aquel payaso era una rebanada de pan para nuestra hambre de risas]

[Los caballos que trotan en la pista del circo seguramente nacieron, en esas vueltas que da la vida, en un viejo carrusel de feria]

Ahora te toca escribir greguerías: recuerda: humor + metáfora = greguería.

Después, expándelas hasta hacer un poema. Van algunas más (y las anteriores) que pueden servirte para crear tu texto.

La Sandía es un tigre verde que de tanto dormir la siesta ganó peso y está muy gorda.

No me vas a negar que el violín es una barca con un solo remo.

Tantos ojos tiene la mosca y, la pobre, está miope. Por eso usa lentes de botella.

Las escaleras juegan al tres en gato cada dos escalones.

La llave es un dedo con dientes. ¿Cómo será eso?

Cuídate de la aguja, esa niña cíclope, que por tantos días sin comer está muy flaca.

La plancha es una locomotora, aunque no entiendo para que le sirve su extendida cola.

Una cartera se abre en dos mitades como un libro.

Las ventanas son los ojos de las casas, solamente que somos nosotros los que vemos lo que pasa afuera.

Los ángeles son pájaros con amnesia. Ellos no lo saben; nosotros sí, cuando los escuchamos cantar.

Los carteros le dan de comer en la boca a los buzones. ¿Qué? Buenas y malas noticias; no para ellos, para nosotros.

Cuando me pongo mis pantuflas, mis pies se aborregan y quieren balar y volar.

¡Qué ocurrentes! A la mosca que cayó en el tazón con leche le lanzaron una dona. ¿Se salvará? No lo sé. Al menos tendrá una muerte dulce entre la espuma.

El cono con nieve de coco es un volcán apagado que un niño pone de cabeza mientras le da lengüetazos.

El mantel es la bata de la mesa. Si blanco, bata de enfermera. Si de colores, es que se puso un lindo vestido para invitarnos a cenar.

LECCIÓN 8

CALIGRAMAS[77]

A casi todos nos agradaba dibujar. Cuando éramos niños llenábamos hojas sueltas, nuestros cuadernos o las paredes de la casa con nuestras geniales creaciones. Crecimos y abandonamos esta actividad que nos hacía perder la noción del tiempo. Dibujar es gratificante y hay que volver a ello.

El caligrama puede ser el camino para recobrar el gusto por dibujar, aunque en lugar de hacerlo con líneas o trazos lo haremos con palabras. Antes de escribir-dibujar caligramas conviene un entrenamiento previo que nos permita acceder con más facilidad a su realización. Estos ejercicios podrían servir:

- Hacer sombras chinas con las manos.
- Dibujar constelaciones.
- Imaginar siluetas con sombras.
- Imaginar siluetas con palabras.

```
E                    te de              no
s       o es her     rien   la      aunque   tenga
t    n      ma    pa     ser    te            pies ni
e  gusano      no ni       pien                    manos.
```

En principio es más sencillo si los caligramas se hacen a mano y se sigue el contorno del dibujo con las palabras adecuadas que le den al texto el tono imaginativo y poético que haga falta. Puedes dibujar con palabras una estrella, una flor, unos anteojos, o lo que quieras dibujar

Un paso adelante sería, en tu computadora, dibujar con palabras.

---

[77] Los caligramas son dibujos que se hacen con palabras. Generalmente, estos poemas describen o narran el asunto que está en torno a la figura.

                    La   luna
                  bella y
                redonda
              hoy está
            muy sonriente.
          Se alegró por
          que el sol le
            propuso
              noviazgo
                y un buen
                  regalo le   ño
                    dio: un   mo-
                  pero muy lindo

Prueba a copiar idéntico alguno de los caligramas y luego sustituye los poemas con otras palabras.

Dibujemos una **pirámide**:

Las
escaleras
de las pirámides
quieren llegar al cielo.
Más arriba el sol y la luna
pasan por los aros del juego de pelota
mientras los dioses mayas gritan en Xibalbá.

Dibujemos una **escalera**:

Cuando bajo alegre
            p
            o
            r
        la alegría, es
                    u
                    n
                    a
            escalera mi sonrisa.
                            O
                            u
                            n
                        gato de cola muy suave.

Dibujemos una **mariposa**.

i i

Pensé que no podía haber más frágil criatura entre todas las que existen
sino esta mariposa que en el cáliz se detuvo lo que vive una flor.
Era el instante perfecto de la eternidad presente.
Eran las dos hojas que arranqué feliz
de mi libreta al aire, al aire.

Dibujemos un **barco de papel**.

i
¿Quién
balancea
este caballo?
Me sujeto con firmeza a las espumas de sus crines,
en la madera de sus huesos crujen los relámpagos.
¡Arre, corcel!, llévame a galope en la bruma
o veloz en la hojarasca de los días ajados.
¡Lluvia y lodo manchen tu blancura!

O una **tarántula**:

-0   0-

Ataranta a la tarántula,   atarántula   atarántala
con una escoba,   con un zapato
o con la cola de un gato.   Ataranta a la tarántula,
atarántala,   espántala,
atóntala,   entíntala,
despíntala.   Torpe, coqueta,
nada discreta,   la tarántula se va:
                    Atarántala.

Dibuja y encuentra las palabras de los caligramas siguientes.

ZAGAR, GALAR CIÓNCAN[79]

zaGar
de copi
golar golar golar golar golar golar
zagar
de
golar
golar
golar
golar
golar
llocue
y golar
golar
lovue
lovue lovue lovue
zagar de venie y ñossue
de besnu y gospalámre que chanfle la ciatandis
zagar mato mi loñuepa con el copi
zagar zagaren docuan blentiem tases masgrilá
en los llosnia dosquilí del guaa
zagar
zagar
de taspa
taspa
taspa
gaslar
gaslar
gaslar
gaslar
gaslar
gaslar
moco toses sosver

---

[79] Las sílabas están invertidas de lugar en cada palabra: ZAGAR, GALAR CIÓNCAN = GARZA LARGA CANCIÓN

OPMACOPIH[80]

soL
sotillabac
nadan euq nadan ram ed
samupse saL .roma led seluza sol ne
sanabás sal nos
sanuc sus ed:
salos salo y salo.
,naglabac odnauC
,sedrev sollicedneud
ednóD. setenij sus nos
sodatluba sertneiv sus noc nári
.auga led selegná sol nos euq sámam-sápap sotes
ram ed sotillabac soL
naliab –anul al ed sopmacopih-
.ozog us a nativni son y
somerbas acnuN
euq atalp al is
al se allirb
.zul amitlú
,lecroc nU
:sert y sod
erra y erra¡
¡loberra ne
sám nasaP
sev sol on y
us seup
n   aloc
ó   se
m   le
it

---

[80] Lectura de derecha a izquierda, como al espejo: OPMACOPIH = HIPOCAMPO

Distribuye los versos de este poema en el caligrama de un gato.

GATO

El gato Garabato lame leche en el plato de la luna redonda.
No deja que se esconda la rata en el zapato; para salir buen mozo,
sin duda, en su retrato, los bigotes se lame. A las gatitas ronda,
—no es nada timorato— no hay gata que no ame con amor insen-
sato. Les lleva serenata a las bellas mininas con un violín
que desafina   bajo la luz de plata de la luna y su plato que pule
con la cola en un vaivén de ola, el gato Garabato.

```
       X        X
          X    X


    xx xxxx Xxxxxxxx


  xxxx xxxxx xx xx xxxxx
   xx xx xxxx xxxxxxx.
          Xx xxxx xxx


          xx xxxxxxx
      xx xxxx xx xx xxxxxx;
   xxxx xxxxx xxxx xxxx,
 xxx xxxx, xx xx xxxxxxx,
xxx xxxxxxx xx xxxx.
 X xxx xxxxxxx xxxxx,
 -xx xx xxxx xxxxxxxx-
xx xxx xxxx xxx xx xxx
  xxx xxxx xxxxxxxxx.              xx
  Xxx xxxxx xxxxxxxx              xx
   x xxx xxxxxx xxxxxxx           xx
  xxx xx xxxxxx          xxx
  xxx xxxxxxxx          xx
    xxxx xx xxx xx xxxxx      xx
   xx xx xxxx x xx xxxxx  xxx


  xx xx xxxxxx xx xxx
    xx xxxx Xxxxxxxx.
```

Dibujemos con palabras a partir de moldes.

Una **rana** que salta:

```
QQQQQQQQQQQ              QQQQQQQQQQQQQQQ
      QQQQQQQQQQQQQQQQQQQQQ
        QQQQQQQQQQQQQQQQQQQQQQQ
      QQQQQQQQQQQQQQQQQQQQQ
QQQQQQQQQQQQQ              QQQQQQQQQQQQQQ
```

Un trompo:

```
                XX
             XXXXXXX
             XXX XXX
            XXXXXXXXX
        XXXXXXXXXXXXXXXXXX
      XXXXXXXXXXXXXXXXXXXXXX
      XXXXXXXXXXXXXXXXXXXXXXXX

   XXXXXXXXXXXXXXXXXXXXXXXXXXXXXX
    XXXXXXXXXXXXXXXXXXXXXXXXXX

       XXXXXXXXXXXXXXXXXXXXX
        XXXXXXXXXXXXXXXXXX
         XXXXXXXXXXXXXXX
          XXXXXXXXXXXX
           XXXXXXXXX
            XXXXX
             XX
             X
```

¿Cómo harías el caligrama de una **matraca**? Se me ocurre así:

Track, crack.
    Matraca: molino
  de

   la

   car
   ca
   ja
    da.

Y siguiendo el trazo anterior dibujé un **trébol**:

Hoy es mi día
    de buena suerte:

 encontré

      un trébol
   de

   cua-
   tro

   ho-
   jas.

ALGUNAS CONSIDERACIONES FINALES PARA DIBUJAR CALIGRAMAS

¿Creen que para hacer un caligrama primero se dibuja la silueta del animal, objeto o fenómeno natural y luego se rellena con palabras? Puede ser, pero en el caso de los caligramas las palabras no solo constituyen una imagen, sino que muchas veces la escritura será una narración que girará en torno a la figura.

Desde mi particular experiencia voy a decir qué es lo que no hago al escribir un caligrama:

a) No dibujo una silueta y luego la voy llenando con las palabras del poema conforme lo voy creando.

b) No escribo el poema y posteriormente distribuyo los versos y palabras para dibujar el caligrama.

c) Jamás empleo programas de diseño gráfico.

¿Qué hago entonces?

a) Imagino que abro una puerta en mis emociones e ideas que me permita realizar simultáneamente el texto y el dibujo. Antes leo o hago una observación detallada del animal, planta u objeto que será el tema de mi texto.

b) Escribo y dibujo con palabras (a veces canto el ritmo y la melodía) y el caligrama aparece en la página sin un boceto previo —quizá hay un esbozo mental de la forma, pero no es determinante. El dibujo debe formarse mediante la experimentación, el ensayo y el error, las ocurrencias y los hallazgos que la propia marcha del poema presenta —como el pintor que no boceta sino se basa en el hallazgo fortuito y afortunado que los colores le regalan.

c) Empleo Word y escribo a semejanza del bordado en punto de cruz. Aprovecho algunos comandos: alineación a la derecha o a la izquierda, centrado, justificado. Y, sobre todo, me baso en la distribución plástica que puedo lograr con la barra espaciadora y las teclas.

d) El juego guía mis palabras. Lo importante es divertirse, experimentar, poner, tachar, escribir de nuevo, regresar a la actitud del niño que disfruta lo que hace.

Te toca inventar tus caligramas.

LECCIÓN 9

EL CORAZÓN SABE SU RITMO

¿Has tocado una guitarra? ¿O golpeado un tambor? ¿Una mesa, al menos? Cualquier objeto sirve. Experimenta con ellos, déjate llevar por tu sensibilidad e intuición: acelera o disminuye tus movimientos, busca diferentes sonidos y tonos, combina, repite, indaga. Estás creando un ritmo.

El ritmo, según el poeta Octavio Paz, puede entenderse como "la repetición de efectos iguales a intervalos también iguales". El ritmo es intensidad, dirección, intencionalidad.

Un primer acercamiento a esta condición del arte lo podemos practicar en los movimientos corporales, así sea una tabla rítmica o una danza. Por ejemplo, con los brazos: extender brazo izquierdo, firmes; extender brazo derecho, firmes; extender ambos brazos, firmes. Esta secuencia u otras las podemos repetir para crear el ritmo.

En los bailes folklóricos, el ritmo lo marcan principalmente los pies: podemos empezar con el izquierdo y luego el derecho, digamos: fuerte, suave-¬—suave; fuerte, suave-¬—suave; fuerte, suave-¬—suave; fuerte, suave, suave, etcétera.

En lo visual o gráfico, el ritmo aparece igualmente por la repetición y combinación de elementos varios, llámense líneas rectas, curvas, círculos. Así tenemos en primera instancia las cenefas, los mandalas, los laberintos, hasta llegar a las obras plásticas de pintores reconocidos como Escher que emplea el ritmo en sus obras.

Dibuja cenefas:

Ya entrando a lo sonoro, el ritmo se da principalmente en la música y en la literatura. Podemos comenzar con aplausos: fuerte, suave, fuerte, suave, fuerte, suave. O bien: fuerte, suave, suave; fuerte, suave, suave; fuerte, suave, suave; etc. También podemos ensayar percusiones y crear ritmos con las manos golpeando la mesa; de igual manera es posible adentrarse en la asimilación del ritmo escuchando música variada: danzón, cumbia, bolero, entre otras.

En el caso de la música clásica, es un buen ejercicio para adiestrar el oído distinguir entre la melodía y los acompañamientos y poner atención en cómo suenan los distintos instrumentos de la orquesta.

PROSA Y VERSO

En la lengua y la escritura, prosa y verso constituyen las dos formas rítmicas de la lengua.

La prosa respeta las pausas normales del habla, tiende a la combinación, su ritmo es diluido. Sirve principalmente para expresar ideas y razonamientos, contar historias. En el escrito se distribuye en forma de párrafos. El verso carga su ritmo de emotividad, tiende a la repetición, se expresa generalmente en imágenes, lleva un ritmo más enfático, más marcado por los acentos que se distribuyen en determinados lugares y se estructura gráficamente en estrofas.

El verso se clasifica en verso tradicional y verso libre. El primero también se conoce como de ritmo exterior porque se escribe a partir de formas predeterminadas en donde se toman en cuenta el número de sílabas (metro), la terminación de las últimas palabras de cada verso (rimas) y la distribución de los acentos a lo largo de la línea. Al segundo también se le llama de ritmo interior porque son la respiración, la emoción y la imagen las que marcan la extensión de cada verso.

Comenta estos ejemplos:

PROSA

UNA FAMILIA DE ÁRBOLES[81]

Los encuentro después de atravesar una llanura quemada por el sol. A causa del ruido, se apartan del camino. Habitan los campos incultos, cerca de una fuente que solo los pájaros conocen. De lejos, parecen impenetrables. Cuando me acerco, sus troncos se separan. Me acogen

---

[81] http://poemas.nexos.com.mx/?p=1438. Jules Renard (francés; 1864-1910). En: *Gabriela Mistral: Lecturas para mujeres*, Secretaría de Educación, Departamento Editorial, México, 1923.

con prudencia; puedo descansar, refrescarme, pero adivino que me observan y desconfían.

Viven en familia, los más viejos en el centro, y los pequeños, cuyas hojas acaban de brotar, aquí y allá, sin apartarse jamás. Mueren lentamente, y conservan a sus muertos de pie hasta que se deshacen en polvo. Se acarician con sus largas ramas, como los ciegos, para asegurarse de que todos están allí. Gesticulan coléricos si el viento se empeña en arrancarlos. Pero entre ellos no hay disputa. Solo murmuran de acuerdo.

Comprendo que ellos deben ser mi verdadera familia. Pronto olvidaré la otra. Estos árboles acabarán por adoptarme, y para merecerlo aprendo lo que hace falta saber: Ya sé mirar las nubes que pasan. Sé quedarme en mi sitio.

Y sé casi callarme.

Jules Renard

VERSO TRADICIONAL

PERLAS JAPONESAS[82]

Me contaron que en Japón
las sandías son cuadradas
y que huyeron espantadas
calabazas y melón.

Que un cocinero nipón
al pez globo puso a dieta:
samurái en bicicleta,
ejercicios al panzón.

La naranja y el limón
practicaban con el sumo,
que al bonsái riegan con humo
y a haikú sabe el ostión.

---

[82] Suárez Caamal, Ramón Iván. *En un jardín*, ed. cit., p. 59.

Ante tanta confusión,
que le encarguen a Tablada
tabletas en limonada
y versos en infusión.

VERSO LIBRE

TRENES[83]

Cuando hubo trenes en mi pueblo
el viento insistía en escribir la e con letra
Palmer y confundir el humo con las nubes
largas veces.

Íbamos a la estación a cosechar pregones, a mirar en
　　　[las ventanas
los retratos de la gente que posaba un instante,
a escuchar el resplandor de los ejes y las ruedas.
Nunca terminan de irse los recuerdos de un niño.
Aprendí a escribir la e
en el humo de esta oruga gris
que sobre rieles de hierba estornudaba.

Yo le ofrecía mi pañuelo:
Adiós.
Adiós.

EL POEMA EN PROSA

Aunque maneja emociones e imágenes y transmite sensaciones como
el verso, carece de métrica y rima y se distribuye en párrafos. Veamos
estos ejemplos escritos por el poeta Javier España:

---

[83] Suárez Caamal, Ramón Iván. *Miro crecer el día*, libro inédito.

NUNCA FALTA MAMÁ[84]

¿Es difícil escribir un acróstico, mamá? Tengo el papel, el sueño, dos días sin dormir bien, un pedazo de luna en el bolsillo.

¿Qué más me falta para escribir un acróstico?

—Un nombre de mujer —dice y sonríe mi madre—, que no sea el mío ni de tu hermana.

¿Será el nombre de mi abuela?

Cuando observo a mi madre, a cualquier distancia, ella viene hacia mí, como el viento, pero no el que derriba árboles y forma ciclones, sino como el que refresca la tarde y se lleva las hojas secas de los malos momentos.

EL CIRCO

Al circo se entra desde la nostalgia. Un niño nos lleva de la mano. Se vale reír, moquear, crecer interiormente, jalarle las barbas al viejo que se sienta junto a nosotros. Igual es válido, y hasta deseable, ponerse de pie como un árbol lleno de flores y pájaros y aplaudir con pétalos y alas. Cuando se sale del circo, ya en la calle, no hay que soltarse del niño que nos lleva de su mano y nos devuelve a la rutina. Al llegar a casa nos despedimos del pequeño, abrimos la puerta con un abracadabra, buscamos el espejo para entrar a dormir plácidamente en su río, mientras soñamos con el otro circo del que somos parte y no nos abandona nunca.[85]

—A partir de uno de los inicios siguientes o de otro que tú imagines, crea un poema en prosa. Ponle título.

a) Mi papá es alto como un árbol. Creo que su cabeza alcanza las nubes…

b) Tengo un perro al que le puse de nombre Oveja. Esto es porque…

c) ¿Has matado alguna vez un pájaro? Yo lo hice y…

d) El primer amor es un colibrí. De repente llega sin que lo adviertas y ya está volando alrededor tuyo…

e) Mamá me regaló un espejo. Es tuya la lluvia —me dijo con suavidad…

---

[84] España, Javier. *Las historias de la luz*. Secretaría de Cultura del Gobierno del Estado de Quintana Roo, 2011. p. 40.

[85] Suárez Caamal, Ramón Iván. *El circo de don Ramón*. Editorial Nave de Papel y Ediciones Insoportables, 2019. P. 55.

f) Me gusta dibujar mis sueños…
g) Con las palabras construyo torres que llegan al sol.
h) Me dirás que soy terco y no es verdad. Es que quiero tener en la bolsa de mi camisa una gota de lluvia.
i) Voy a los circos que llegan a mi ciudad para asombrarme con su misterio.
j) Cuando vi por primera vez el mar me pregunté qué niño había arrancado el azul del cielo para ponérselo al agua.
k) Tienes que ver los colores del arcoíris: son hermanos en su alegría.
l) Igual que planetas de vidrio ruedan mis canicas.
m) Mi hermana es más alta que una palmera.

Visitemos un museo virtual:

EL MUSEO DEL ABSURDO

Hace algunos años, al viajar por el País de los Libros y Revistas, di con un museo muy singular. En la entrada, un letrero con huesos de dinosaurio anunciaba: "Pase usted a ver las maravillas de este sitio único y conozca objetos extraordinarios que este museo guarda en su colección." De aquella visita recuerdo las siguientes:

1 La jaula donde estuvo prisionera el Ave María.
2 La otra mitad del medio ambiente.
3 El ataúd del Mar Muerto.
4 Los instrumentos quirúrgicos con los que operaron a Ricardo Corazón de León.
5 Los apuntes científicos del experimento transgénico para lograr una raíz cuadrada.
6 Una de las balas del Cañón del Colorado.
7 La brocha con la que pintaron el Mar Rojo.
8 Un fruto en conserva (además de la única semilla existente) del árbol genealógico.
9 Resultados de los análisis químicos del Lago Titicaca y del Río Orinoco.
10 Uno de los pétalos de la rosa de los vientos.
11 Una gota de inteligencia de la savia bruta.
12 Fragmento de tela bordada con flores y hierbas de la falda de una montaña.
13 Una de las flechas del arcoíris.

14 Conjuros africanos para resucitar el tiempo muerto. (Podrían servir tal vez para el Mar Muerto).

15 La primera silla hecha con las tablas de multiplicar.

16 Una botella con arena del desierto de los leones.

17 Fotografía del lechero que derramó la Vía Láctea.

18 Fragmento de la primera taza de población.

19 Una gota del Océano Violento, hermano perdido del Océano Pacífico.

20 La otra mitad del Medio Oriente.

21 La mastografía del coseno.

22 El zapato izquierdo del pie de casa.

23 El tazón con residuos de la crema y nata de la sociedad.

24 El pañuelo con el que secaron las lágrimas al Árbol de la Noche Triste.

25 La media de lino de las estadísticas.

Me acuerdo que, junto a cada objeto en exhibición, había una ficha técnica que lo describía y, a veces, una historia. Como soy curioso, tomé apuntes de una de ellas. Es la siguiente:

LA JAULA DEL AVEMARÍA

¿Has escuchado alguna vez el dulcísimo canto del Ave María? Suele entonar sus trinos a las doce cuando el sol está en su esplendor en lo más alto del cielo. Este pájaro viene de los tiempos bíblicos. Quizá pertenece a la misma familia del Ave del Paraíso que oyeron Adán y Eva antes que los expulsaran del Edén con todo lo que tenían puesto.

Un explorador judío, en sus incursiones al más allá (que no está muy distante del más acá), logró capturar a la bellísima Ave María y, al escucharla, quedó obsesionado de su melodioso gorjeo. La tuvo en su casa muchos años y la heredó a sus hijos y estos a los suyos (porque has de saber que el Ave María es inmortal). Pero ya conoces que los niños son traviesos o compasivos y uno de ellos abrió la jaula y el Ave María se fue volando hasta perderse en el cielo. Ante la tristeza ocasionada por su ausencia, uno de los descendientes del explorador donó la jaula a nuestro museo. Dicen que en rarísimas ocasiones y, cuando hay pocos visitantes, al mediodía de la jaula brota una música tan dulce que convierte el agua en miel. (Otros, menos crédulos, afirman que es un truco de los dueños del museo y que en realidad lo que se escucha es una composición musical de un tal Schubert, a través de unas bocinas ocultas debajo de la jaula). Sea lo que sea, te voy a confiar un secreto: La pluma con la que escribo esta historia la encontré cerca de la jaula. Algún día la devolveré al museo.

¿Qué te pareció? Ah, también recuerdo esto. A la salida del museo había esta observación:

EXPLORADORES DE LA IMAGINACIÓN

El Museo del Absurdo acepta donaciones para incrementar su acervo. Si tienes alguna pieza digna de exhibirse, no dudes en traerla. Te pagaremos generosamente con una sonrisa y muchas, muchas gracias igual a las que hacen los payasos.

EL VERSO LIBRE

El ritmo lo dan el estado emotivo, lo extenso o breve de la respiración, el sentido y la secuencia de las imágenes. Los ritmos pueden ser lentos, rápidos, breves, extensos, entrecortados. Veamos algunos ejemplos:

a) Ritmo producido por las emociones. Intuición y sentimientos guían el desarrollo del texto. Se le conoce como ritmo interior.

Quisiera vivir en los ojos del gato para sembrar miradas verdes[87]
en los habitantes de la casa:
entrar en el alma transparente
de mi abuelo
o encontrar las sonrisas
que olvidó mi padre en algún rincón
de su cuerpo (…).

Marco Aurelio Chávezmaya

b) Ritmo de imágenes libres. Las imágenes se acumulan una tras otra, muchas veces sin enlaces entre una y otra.

---

[87] Chávezmaya, Marco Aurelio. *Árbol de la vida*, Fondo de Cultura Económica, 2010.

Pienso que el mar es un elefante gris bajo la llovizna,[88]
una carpa de circo bajo las barcas de las nubes,
un manto de lentejuelas cuando el sol se oculta;
creo que el mar besa las orillas con miles de mariposas azules;
el mar, la mar con sus pañuelos en la sal del llanto,
el mar que lleva mis barcos de papel a puertos desconocidos;
el mar, la mar y las huellas de mis versos en la orilla…

Con un lenguaje sencillo las tensiones y oposiciones modelan la forma.

DEBAJO DE SUS CASCOS[89]

Hoy
noche de domingo
en esta habitación quieta
en esta casa quieta
en esta quieta montaña
el tiempo
una vez más
finge estar parado
mientras las horas
mudas
pasan a galope

Marina Colasanti

Elige alguna de las formas del verso libre e inventa tu poema a partir de uno de estos inicios:

Cuando canto, / la lluvia canta; /…
Papá y mamá me llevan de paseo al bosque de las estatuas…
Una máscara puso en mi rostro la tristeza…
Colibrí, flor del aire, un solo pétalo tuyo basta para que me rinda…
Detrás de los espejos lloraba la lluvia con ruiseñores grises…
Papá me dio un papagayo de muchos colores…
Una piedra, ¿podrá decir que me ama?

---

[88] Suárez Caamal, Ramón Iván. *No existe el mar*, fragmento de un poema inédito.

[89] Poema incluido en el libro *Dos orillas y un océano*, CEPLI, 2015, p. 31.

Los lápices de los niños dibujan…
Flor, pañuelo de las mariposas más frágiles que pueblan el mundo…
Un avión de papel no es una mosca ni tampoco un suspiro…

EL VERSO TRADICIONAL

Sigamos con las rimas del verso tradicional:

a) Hermosa / rosa / Diosa/ amistosa / tosa /
b) Hermosa / tonta / cola / sabihonda / recorta / pintora / Córdoba

Las rimas agrupadas en el inciso a) son **consonantes** porque todos los sonidos son iguales a partir de la vocal que se pronuncia con mayor fuerza: vocal tónica o con acento.

Las rimas agrupadas en el inciso b) son **asonantes** porque solo son iguales las vocales a partir de la que se pronuncia con mayor fuerza: vocal tónica o con acento.

Escribe el mayor número de palabras con rima consonante de las siguientes: tristeza, apagón, señorita, escarabajo, cenicienta, cepillo, setenta, cebolla, escribir, ceniza, etcétera.

Escribe el mayor número de palabras con rima asonante de las palabras de la lista anterior.

Lee un fragmento "Cajitas frutales"[90], un poema de Antonio Rubio:

> *Para guardar*
> *el bigote de un ratón,*
> *la cáscara*
> *de un piñón.*
>
> *Para guardar*
> *las burbujitas de un pez,*
> *la cáscara*
> *de una nuez (…)*

Haz una lista con los nombres de las frutas que conozcas: mango, manzana, tamarindo, etcétera.

---

[90] https://darabuc.wordpress.com/2007/10/17/cajitas-frutales-de-antonio-rubio/

Inventa tu propio poema de cajitas frutales:

> Para guardar
> la música del tango
> la cáscara
> del mango.

> Para guardar
> la sonrisa de mi hermana
> la cáscara
> de la manzana...

Haz un listado de animales: araña, tortuga, colibrí, etcétera.

Ahora continúa el poema siguiente, a partir de un listado de animales que hagas y rimando entre sí cada par de versos:

> Le pregunté a cierta araña
> si sabe tejer con maña.

> Un rápido colibrí
> ayer preguntó por ti...

> Paso a pasito la tortuga

> _____

> En el desierto un camello

> _____

Hugo Hiriart (en *Como leer y escribir poesía*, p. 54) asienta que: "(...) la rima emparienta —digamos: une en matrimonio— palabras que no tiene que ver unas con otras, lo que es uno de sus atractivos, porque al emparentar palabras alejadas unas de otras, genera relaciones imprevistas, sorprendentes a veces. Es más, el uso de rimas absurdas e inesperadas son un camino inagotable para crear relaciones y significados nuevos."

¿Qué relación podría haber entre **loba** y **escoba** y las rimas que siguen por añadidura? Se me ocurre:

> En el país del cuento una loba
> barría los meses con su escoba.

Era una escoba de viento
que a cada mes decía lo siento.

Era el otoño su mayor tarea:
barría y barría aunque no lo crea.

Pero en diciembre —brrr— con tanto frío
la loba no decía a las hojas ni pío…

Completa con palabras que rimen los siguientes versos:

Caperucita Roja
tiembla como una _____

Son veinte, treinta hormigas
las que te suben por la _____

Si la luna tiene espinas,
las rosas nos

El mar tiene un gemelo;
es azul, se llama

El vestido de la oruga,
aunque lo alise se

Trepado en una veleta
dime tus versos, _____

Y como tú y yo somos dos
dibujo nuestros nombres en un grano de _____

En el circo, qué elegante
se vistió Don _____

¿Y si escribes las dos primeras rimas que se te ocurran y a partir de ellas desarrollas tu texto mediando entre lo que cuentas y lo que las rimas te sugieren?

La sílaba tónica

Si vamos a lo básico en la acentuación de las palabras, en la lengua española todas tienen una sílaba que se pronuncia más fuerte (a la que se le denomina tónica) y varias sílabas con una pronunciación más débil (a las que se les conoce como átonas.) Por ejemplo:

Público / publico / publicó
Ó O O   O Ó O O O Ó

El lugar que ocupa la sílaba tónica dentro de la palabra da lugar a una clasificación:

- Agudas cuando la sílaba tónica es la última (contando de izquierda a derecha):

arroz / violín
O Ó   O Ó

conocer / explosión
O O Ó O O Ó

Simpatizar / envolverás
O O O Ó   O O O Ó

- Graves o llanas cuando la sílaba tónica es la penúltima:

polvo / árbol
Ó O Ó O

mirada / difícil
O Ó O O Ó O

estridente / Guadalajara
O O Ó O O O O Ó O

- Esdrújulas cuando la sílaba tónica es la antepenúltima.

México / escribiéramos / Parangutirinícuaro
Ó O O O O Ó O O   O O O O O Ó O O

• Identifica la sílaba tónica de las palabras siguientes:

Coraje, espiritual, águila, encumbrado, álbum, vagabundo, frijol, enamorado, relucir, conejo, verdad, apretar, sopas, exámenes, examen, rosario, rústico, zapatero, coliflor, entrometido.

• Identifica la sílaba tónica de cada palabra de los versos siguientes:

> Trajo la noche la sombra del mito…
> En los relámpagos miro fantasmas…
> Las rosas son las cunas del rocío…
> Eterna gratitud la de la lluvia…

LA MEDIDA DE LOS VERSOS

En los versos tradicionales se cuentan las sílabas (metro) y se distribuyen las sílabas tónicas en determinados lugares. Así pueden haber versos de dos, tres, cuatro hasta catorce sílabas. Pero las sílabas poéticas no son las mismas que las sílabas gramaticales. Siguen ciertas reglas:

1. Si la última palabra es aguda se aumenta una sílaba. Por ejemplo, gramaticalmente la palabra león tiene dos sílabas (le- ón). En el verso, si va al final, la palabra león tiene tres sílabas: le- ón + otra sílaba.
2. Si la última palabra del verso es esdrújula (o sobresdrújula) se resta una sílaba: cántaro, gramaticalmente, tiene tres sílabas (cánta- ro), en el verso la palabra cántaro tiene dos sílabas (cán – ro, pues la sílaba de en medio casi no se oye).
3. Si una palabra del verso termina en vocal y la que sigue comienza también con vocal, ambas se unen en una sola sílaba. A esto se le llama sinalefa:

> Hablo <u>de un</u> árbol de folla<u>je o</u>scuro…

Sílabas gramaticales: Ha- blo- de- un- ár- bol- de- fo- lla- je- os- cu- ro
(13 sílabas).
Sílabas poéticas: Ha- blo- *deun*- ár- bol- de- fo- lla- *jeos*- cu- ro
(11 sílabas).

Cuenta las sílabas poéticas del poema siguiente:

CASAMIENTO

Se casa la lagartija;
su novio, don lagartón,
le regaló una sortija
con una piedra rocío
en forma de corazón
y el brillo que lleva el río.

De acuerdo con su número de sílabas, los versos pueden ser bisílabos (2 sílabas), trisílabos (3 sílabas), tetrasílabos (4 sílabas), pentasílabos (5 sílabas), hexasílabos (6 sílabas), heptasílabos (7 sílabas), octosílabos (8 sílabas), eneasílabos (9 sílabas), decasílabos (10 sílabas), endecasílabos (11 sílabas), dodecasílabos (12 sílabas), alejandrinos (14 sílabas). Desde las 2 sílabas hasta las 8, se les llama de arte menor. De 9 sílabas o más, de arte mayor.

Lee estos versos de dos sílabas:

A LA VIRGEN ASUNTA[91]

¡Suave
Febe

y Hebe,
ave!

¡Nave,
nieve,
breve
llave!

Llueve,
Leve
Nube!

---

[91] Poesía a cucharadas. *Antología de la poesía mexicana del siglo XX*, SM, 2003, p. 41.

Eva
Nueva,
¡sube!

Alfonso Méndez Plancarte

Escribamos versos de tres sílabas, como los que siguen:

LAS OLAS

Miremos
el mar:
las olas
se van,
mas siempre
regresan
con paños
de seda
 o trenes
  de niebla…

CASAS

¿La casa
del pez?
El río
tal vez.
Descansan
las nubes
en salas
azules.

La casa
de un ave,
un nido
sin llave.

Ahora, hagamos versos de cuatro sílabas.

> Piececitos[92]
> tienen frío:
> pececitos
> en el río.

Continúa estos versos de cuatro sílabas:

> Salta al aro
> un león,
> su melena
>
> —————————————.

> Con su casa
> siempre a cuestas
>
> —————————————
> —————————————.

> Las hormigas
>
> —————————————
> —————————————
> —————————————.

¿Y si escribimos versos de cinco sílabas?

> Mi corazón
> es de manzana
> y late dulce
> esta mañana.

> Todos los días
> voy a la escuela,
> en el recreo
>
> —————————————.

---

[92] Ramón Iván Suárez Caamal: *Poemas para los más pequeños*, ed. cit., p. 7.

Con cien patines
cruza el ciempiés:

_____

_____.

Una pelota
y una muñeca

_____

_____.

Tocan ahora los versos de seis sílabas que generalmente se usan para escribir canciones de cuna.

Lee esta "Canción para arrullar a mi gato".[93] Inventa versos con esta medida y escribe un arrullo para que duerma el bebé pingüino, para que tus lápices despierten o lo que quieras escribir.

Este arrullo tiene
patas de algodón,
mínimo minino,
súbete al sillón.

Mínimo minino
con uñas de alambre,
no muestres las garras,
aunque tengas hambre.

La noche en tus ojos
se quedó a vivir,
dos gajos de luna
por un mar sin fin.

Afuera la lluvia
de escobas molestas
persigue a los gatos
que están siempre en fiesta.

---

[93] Suárez Caamal, Ramón Iván. *Cuna la media luna*, Instituto Literario de Veracruz, 2013, pp. 34-35.

Se mece que mece
en suave vaivén,
este gato terco
dormirá muy bien.

Toca escribir versos de siete sílabas. Observa este texto titulado "La nostalgia":[94]

Miro crecer el día
y quebrarse sus ramas.
Todo lo que mis ojos
tocan en la distancia
se emborrona de azul:
los años cuando pasan,
el canto de los pájaros,
el mar que no descansa,
las gotas de rocío
entre las telarañas…
Aunque largos los pasos,
hay un niño en mi alma
que recita sus versos
con azules palabras.

¿Por qué no nos cuentas en verso lo que haces cada día o lo que no te gusta hacer?

Todos los días hago…
No me gusta la sopa…
Cuando voy al mandado…
Cuando viva en las nubes…
Yo tengo un dinosaurio…

Ahora vamos con los versos de ocho sílabas. Imagina que llegas a un planeta extraño y, por alguna razón, entiendes y hablas su idioma. Aunque también te das cuenta que hablan en versos de 8 sílabas. Uno de ellos se acerca y te dice:

---

[94] Suárez Caamal, Ramón Iván. *Miro crecer el día*, libro inédito.

Baruno Tiki caseno
Trini erikito leda.
Aj fele fiji timeda
Korotú le kokoreno.

Entonces tú le respondes en su mismo idioma y con versos de
8 sílabas:

....
....
....
....

Pero nosotros no entendemos sus diálogos. Así que, por favor, traduce al español tanto lo que te dijeron como lo que respondiste. Conserva la medida de estos versos.

En el verso de once sílabas o endecasílabo, las sílabas tónicas caen
por lo general en las posiciones pares: dos, cuatro, seis, ocho y diez:

Al **po**co **tiem**po <u>vi a</u> Caperucita 11
   2   4   6   10
cruzando por el **bos**que...¡Pobrecita! 11
    2   6   O O ÓO
¿Sa**béis** lo que llevaba <u>la in</u>feliz? 10 + 1
    2   6   10

Pues **na**da **me**nos <u>que un</u> sobrepe**lliz** 10 + 1
    2   4   10
que a **mí** me pare**ció** de **piel** <u>de un</u> **lo**bo. 11
    2   6   8   10

Los versos de once sílabas reciben distintos nombres, según sea la
distribución de las sílabas acentuadas:

a) Enfáticos: con acentos en las sílabas 1, 6 y 10 o en 1, 6, 8, y 10.

Ven<u>go a</u> multipli**car** las mara**vi**llas
Ó   O OOOÓ O O OÓO
1   6   10

Tienen las mocedades voz <u>de en</u>sueño
Ó O O   O O Ó O   Ó   O   Ó O
1   6   8   10

b) Heroicos: con acentos en las sílabas 2, 6 y 10; en 2, 4, 6, 8 y 10; en
   2, 4, 6, 10 y en 2, 4 10.

La noche divagaba con estrellas
O Ó   O   O O Ó O   O   O Ó O
   2   6   10

Mirar un árbol vivo, recia lumbre
O Ó   O   Ó O   Ó O   Ó O   Ó   O
   2   4   6   8   10

Al viejo mu<u>ro indem</u>ne <u>en</u> los recuerdos
O   Ó O   Ó   O   Ó   O   O   O Ó   O
   2   4   6   10

La rosa mística de tus pesares
O   Ó O   Ó O O O   O   Ó Ó O
   2   4   10

c) Melódicos: con acentos en las sílabas 3, 6 y 10; 1, 3, 6, 8 y 10; 3, 6,
   8 y 10 y 1, 3, 6 y 10.

En el cauce sagrado de los ríos
O 0   Ó O   Ó Ó O   O   O   Ó O
     3   6   10

Sueño siem<u>pre un</u> amor feliz, radiante
Ó O Ó   O   O Ó   Ó Ó   O Ó   O
1   3   6   8   10

En el mar que <u>se a</u>fianza ter<u>co al</u> risco
O O   Ó O   O   Ó O   Ó   O Ó   O
     3   6   8   10

Algo tienen las hojas en el viento
ÓO ÓO O ÓO OO ÓO
1   3   6   10

d) Sáficos: con acentos en 4, 8, 10;/ 1, 4, 8 ,10; /4, 6, 10;/ 1, 4, 6, 10; /4, 6, 8, 10; /2, 4, 8, 10/ y 4, 10.

En el camino de la noche observo
OO OÓOOO Ó O ÓO
4   8   10

Tierra del mito es el Mayab antiguo
ÓO O Ó O OO Ó OÓO
1   4   8   10

Altos tus vuelos, alma, ven, despliega
ÓO O ÓO ÓO Ó O ÓO
1   4 6   8   10

A la mitad del eco los latidos
OO OÓ O ÓO OOÓO
4   6   10

Creo que el mar sostiene las estrellas
Ó O O Ó O OÓO O OÓ O
1   4   6   10

El taciturno diente cae fiero
OOOÓO ÓO ÓOÓO
4   6   8 10

Enseña a amar con la mirada atenta
OÓ O Ó O O OÓ OÓO
2   4   8   10

En el combate, si los guerreros
O O O ÓOOO OÓO
4   10

Solo las piedras se eternizarán
Ó O O Ó O   O O O O Ó + O
1   4   10

Toma mi corazón, tenlo en tu mano
Ó O O O O Ó Ó   O O Ó O
1   6 7   10

e). Dactílicos o de Gaita Gallega: con acentos en 1, 4, 7 y 10.

Quiero escribir en tu nombre los siglos
    Ó O   O Ó O O Ó O O Ó O
    1   4   7   10

Te propongo más ejercicios para acrecentar tu habilidad de escribir versos medidos, especialmente endecasílabos.

1. Lectura en voz alta de poemas (por ejemplo, sonetos) para disfrutar el ritmo y la musicalidad de los versos.
2. Sustitución de las palabras de cada verso por otras para dominar la distribución acentual que da lugar al ritmo.

Rebaño[95]

Con ojos de borrego aquel borrego
intuyó que una nube lo abrigaba.

Quiso balar, volar mientras miraba
la extensión de aquel llano con sosiego.

Son cien o más, blindados de ternura,
firmes en su compacta mansedumbre:
un rebaño de amor en la costumbre
de apacentar por cielos de pastura.

---

[95] Suárez Caamal, Ramón Iván. *Poema del libro Donde se explica el amor con estampas de animales.*

Con ojos de borrego soy borrego
cuando sigo al cayado que callado
me conduce al redil a donde llego

con la andadura de un amor confiado;
si me escardan no lucho ni reniego,
mansamente feliz y enamorado.

Con **ojos** de bo**rrego aquel** borrego 11
   2   6   8   10

La **flor** de las mon**tañas huele** a **bri**sa 11
   2   6   8   10

3. Cantar los versos inventándoles una tonada. Luego, con esa misma tonada cantar versos inventados.
4. Inventar anuncios publicitarios con versos endecasílabos:

    Vendo un fantasma que perdió su sábana.
    Compramos nubes de cualquier rebaño.
    Alquilamos cardumen de palabras.
    Compro ronquidos: pago con silencios.
    Pase sus vacaciones en un libro.
    Rento mi corazón, acepto abrazos.

5. A partir de una palabra, escribir una imagen poética en versos de once sílabas.

    Rosa: Las rosas son corteses con la lluvia.
    Faro: Faro, pastor de barcas vagabundas.
    Mundo: Pienso que el mundo cabe en una lágrima.

A partir de un verso inicial escribe otro que lo complemente.

    Noche, mar ciego, tus constelaciones
    van en cardúmenes sin rumbo fijo…

    Un pez cual pez-escamas del abismo

    ——————————————————————————

Quiero tu corazón en una lágrima

_____

Todos los días miro las estrellas

_____

A partir de dos versos endecasílabos iniciales escribe otros dos al menos que tengan rima consonante.

Faro, pastor de barcas vagabundas,
eres el sol que por la noche guía

_____
_____

No obstante que es cuchillo tu mirada
me atrevo a levantar mis ojos tristes

_____
_____

Escribe cuatro versos endecasílabos con las rimas que se te indican.

_____ tierra
_____ marca
_____ barca
_____ yerra

La estrofa

Es la agrupación de dos o más versos y recibe diversos nombres: romances, romancillos, pareados, tercetos, cuartetos, redondillas, seguidillas, coplas, quintillas, ovillejos, décimas, sonetos, etc. Empecemos con algunas:

Por pares y pareados

Los versos se agrupan de dos en dos y casi siempre son octosílabos. En las estrofas pares la rima es asonante. En los pareados es consonante y riman los dos versos entre sí. Estas estrofas se construyen como estructuras binarias que se basan en los esquemas pregunta-respues ta, esquema-diálogo, afirmación- confirmación. También se emplean para contar historias.

POR PARES

EQUILIBRISTA[96]

Uno quiere ser ya grande
aunque tenga pocos años.

Que lo dejen irse solo
por las calles de su barrio…

No hay como una bicicleta
y una calle cuesta abajo…

Aramís Quintero

PAREADOS

HIJAS BOTIJAS[97]

¿Dónde está la hija del coronel?
—Escondida en un tonel.
¿Y la hija del capitán?
—Escondida bajo un flan.
¿Dónde está la hija del general?
—Debajo de un orinal.

José Clemente

Los últimos siete versos no siguen la estructura binaria de los pareados.

Haz una lista con nombres de flores que conozcas. Luego continúa el poema en pareados:

---

[96] Quintero, Aramís. Cielo de agua, Fondo de Cultura Económica, 2014.

[97] https://darabuc.wordpress.com/2011/01/10/hijas-botijas-de-juan-clemente-de-tras-tras-cucutras-ilustrado-por-aitana-carrasco/

Para el amor como pan,
el rojo del tulipán.

Para la niña coqueta,
una tímida violeta...

TERCETOS

Agrupación de tres versos que riman en asonante o consonante, generalmente el primero y el tercer verso, aunque aceptan otras distri-
buciones a lo largo de series que no tienen extensión fija.

A VER[98]

—A ver —dijo el grillo—
quién corta la Luna
con este cuchillo.

—A ver —dijo el perro—
quién le pega al diablo
con vara de hierro...

María Elena Walsh

¿Sabes qué son los pregones? Son los gritos callejeros de quienes
venden alguna mercancía.

Haz una relación de objetos, animales, frutas, sueños, sentimientos o lo que quieras vender. Después continúa los pregones del poeta
Fernando del Paso:

I

Leía en mi biblioteca,[99]
cuando en mi calle gritaron:
¡Tamalitos de manteca!

---

[98] http://www.cancioneros.com/nc/9670/0/a-ver-maria-elena-walsh

[99] Del Paso, Fernando, *Hay naranjas y hay limones*, Ed. La Saltapared, 2007, p. 4.

II
Me gustan los vendedores
que en el mercado pregonan:
¡Semillas para las flores!...

COPLAS

Son grupos casi siempre de cuatro versos de ocho o seis sílabas que riman en los pares.
La copla de seis sílabas se emplea en las canciones de cuna.

COPLAS DEL SON

Andaba la chachalaca
por las orillas del monte,
andaba de enamorada
con el pájaro zinzontle.

Si yo cantando, cantando,
cantando me mantuviera,
cantaría toda la noche
hasta que me amaneciera.

La raya pinta su raya,
la raya es un acordeón,
la raya al compás ensaya
el tic-tac de un corazón.

¿Te gustaría escribir coplas? Empecemos ordenando los versos de estas. Ponle los signos de puntuación.

1.
para que tiña morado
el amor para que dure
el limón ha de ser verde
debe ser disimulado

2.
a las dos de la mañana
a las nueve me dormí

desperté pensando en ti
a las ocho me dio sueño

Termina estas coplas:

Un pulpo quiso escribir
en la arena de la playa
…………………………
…………………………

Buenos días dijo el sol
al rocío matutino
…………………………
…………………………

Si escucharas mi tambor
sabrías cuánto te quiero
………………………........
………………………........

Una tarde que fui a misa
me encontré con un lagarto
………………………............
………………………............…

En cada pétalo escribo
la amistad que me regalas
………………………............…
………………………............…

Puedes componer más coplas teniendo como temática los animales, las flores, los fenómenos atmosféricos, los instrumentos musicales, etc. Estas estrofas generalmente hablan del amor. Inspírate y escríbelas.

ROMANCE Y ROMANCILLO

El romance consta de una serie indeterminada de versos octosílabos con rima asonante en los pares. Sirve para contar historias. El romancillo sigue la misma estructura pero la medida de sus versos es menor de ocho sílabas.

REBAÑO DE BARRO[100]

Los toros de lodo
con cuernos de espinas
mugen en el patio
con larga llovizna.
Mis manos amasan
truenos de la brisa,
les pongo por ojos
pequeñas semillas.
Son bravos, son fuertes,
mis toros de lidia
que embisten con ganas
las nubes de tinta.
Si pudiera un poco
tener esas vidas
de trueno y de barro
en el alma mía.

Propongo que tomes algunos de estos inicios o inventes otros y continúes la historia:

Sapirín y sapilongo,
dos verdes amigos iban…

Una araña teje
su hamaca de seda…

Este cuento que te cuento
le sucedió a un pobre grillo…

Conejo y coneja
se quieren casar…

Quiero contarte la historia
de una sirena encantada…

---

[100] Suárez Caamal, Ramón Iván. *Miro crecer el día*. Libro inédito.

LECCIÓN 10

PREGUNTAS QUE SE PREGUNTAN SOLAS

¿Por qué la mantarraya[101]
no tiene la piel de manta
sino de lija?
¿Por qué la lagartija
no tiene piel de lija
sino de hoja?
¿Por qué, tortuga floja?

¿Qué haces cuando quieres saber algo? Preguntas. ¿Te acuerdas cuando tenías menos años? ¡Cómo preguntabas!: ¿Por qué los árboles tienen hojas? ¿Por qué llueve? ¿Por qué el sol sale de día y la luna de noche? ¿Y por qué ella no sale todas las noches como el sol? Eras un interminable tren de preguntas.

Ahora tal vez inquieres menos, no lo sé. Creo que debes retomar esa costumbre extraordinaria de preguntar por todo. Sé curioso siempre. Indaga, observa, asómbrate.

Recuerda que los signos de interrogación ¿ ? son anzuelos para atrapar a los peces de la poesía. Mira el mundo con actitud de duda. Dice un dicho que "preguntando se llega a Roma", lo que da a entender que si queremos arribar a nuestras metas, y no sabemos, debemos preguntar.

En el caso de la poesía, nuestras preguntas deben ser imaginativas, extrañas, inverosímiles. A lo mejor las respuestas que encontremos nos permitirán tener en las manos el cachorro de un relámpago, una flor arcoíris o un pájaro fantasma. Así, con las preguntas y respuestas, podremos hacer nuestros poemas.

Con el recurso de las preguntas sin respuesta es posible crear infinidad de poemas, e, incluso trabajar el lenguaje metafórico. Consiste en proponer la creación de un poema sobre la base de una serie de preguntas que exploren la imaginación.

---

[101] Suárez Caamal, Ramón Iván. *Poemas para los más pequeños*, ed. cit., p. 72.

XLI[102]

¿Cuánto dura un rinoceronte
después de ser enternecido?
¿Qué cuentan de nuevo las hojas
de la reciente primavera?
¿Las hojas viven en invierno
en secreto, con las raíces?
¿Qué aprendió el árbol de la tierra
para conversar con el cielo?

Pablo Neruda

En ocasiones, el poema se estructura a partir de varias preguntas que se hacen a alguien o a algo, como en este poema de Ruth Kaufman:

¿Para qué se abren tan rojas?[103]
Para el colibrí
que ni siquiera las roza?
¿Para el zum zum que la abeja
en el aire enreda
como una madeja?...

Van algunas preguntas imaginativas. Escribe sus respuestas y después haz tus propias preguntas con sus respectivas afirmaciones.

¿Cuántos brazos tiene el enojo?
¿Dónde duerme el viento?
¿Quién dará un paracaídas a las hojas que desprende la brisa?
¿Por qué los gatos aman la luna?
¿En qué idioma hablan los truenos?
¿Por qué son azules los labios del mar?
¿Cómo podrías hacer una nube con una flor y una llave?
¿Tienen los fantasmas un corazón pálido?
¿De qué está hecha la cola de una palabra?
¿Por qué no se extravían los caracoles en su laberinto?
¿Qué pasaría si al reloj se le perdiera un tornillo?
¿Qué nos dice el mar en el reloj de arena?

---

[102] http://www.bauleros.org/librodelaspreguntaspabloneruda.html

[103] *Ibídem*: Las preguntas van dirigidas a la rosa.

¿En dónde compran sus agujas las arañas?
¿Qué harías si encontraras una serpiente con zapatos?
¿Cómo se vive dentro de un dado?
¿Qué recordarán los lápices de sus padres los árboles?
¿Qué pasaría si perdieras tu sombra?
¿Qué puedes hacer para que las tijeras canten?
¿Y si pusiéramos una fábrica de corbatas para las jirafas?
¿Qué hay detrás del espejo?
¿En qué se parece un elefante a un paraguas?
¿Cómo es el canto de los pájaros-fantasma?
¿A las mariposas grises les gustan las flores arcoíris?

Una respuesta mágica, asombrosa, la dio un niño, casi adolescente, durante la realización del ejercicio en el taller literario de Bacalar:

—¿Por qué son azules los labios del mar?
—Porque el cielo les dio un beso.

Ulises Torres (12 años)

Escribe poemas a partir de las preguntas y respuestas que diste. Por ejemplo:

—Paula, ¿usted sabe que es una oveja?[104]
—Sí. La oveja es una nube con paticas.

Jairo Aníbal Niño

En este caso, la pregunta no se sale de lo común y es la respuesta la que salta a lo imaginativo.

—¿Quién es mejor zapatero?[105]
—El pájaro carpintero
cuando maneja el martillo.
—¿Y quién mejor caballero
con armadura de acero?
—El armadillo.

---

[104] Cuentaquetecuento. *Revista Latinoamericana de literatura para niños y jóvenes,* ed. cit., p. 65.

[105] Suárez Caamal, Ramón Iván. *Poemas para los más pequeños,* ed. cit., p. 73.

Otro ejemplo:

—¿Qué es un libro?
—Un libro es la casa de las palabras.
—¿Qué es la cabeza?
—Es la pecera de las ideas.
—¿Qué son los relámpagos y truenos?
—Son los heraldos que con trompetas y tambores anuncian la llegada de la lluvia.
—¿Qué es un árbol?
—Es un niño verde con pájaros en la cabeza.
—¿Y qué es un niño?
—Un niño es una pregunta gigantesca.

También se puede plantear una pregunta y responderla ampliamente:

—¿Cómo podrías hacer una nube
con una flor y una llave?

—Lo haría, sin pensarlo,
desde el vuelo de una mosca,
con el martillo del humo.

Sería una nube que abra el cielo,
una nube que atraiga a las abejas,
una nube que guardaría en mi corazón
para que humedeciera mis ojos
cuando me sienta triste.
Una nube que regalaría en un pañuelo
a todos los que amo
para que perfumen sus sonrisas.
Ramón Iván Suárez Caamal[106]

De igual modo podemos plantear preguntas en torno a un objeto o sujeto imaginado: Un reloj de mar y sueño, por ejemplo:

¿Cómo es un reloj de mar y sueño? ¿Cuántas olas-horas tiene? ¿Sus agujas son picos de gaviotas, colas de peces, tenazas de bogavante?

---

[106] Poema inédito.

¿Bosteza este reloj? ¿Se arropa con espuma antes de dormir? ¿Tal vez en lugar de agujas emplea remos para avanzar en el tiempo? ¿Cada que dan las doce nace un huracán o aúllan sus fantasmas de espuma? ¿Quién son los relojeros? ¿Estos relojes se colocan en las partes más altas de los mástiles y sus horas las marca la bandera?

Con las respuestas escribe un texto.

En los ovillejos bien caben las preguntas y sus respuestas. El final se escribe con las respuestas o parte de ellas. Te comparto este ovillejo. Escribe el verso que falta:

¿De qué color es la brisa?[107]
—De la risa.

¿A qué sabe la certeza?
—A tristeza.

¿Quién perfuma mi dolor?
—El amor.

Así que viendo el valor
de cada instante que vivo
en estos versos escribo

_____ .

Otra variante ofrece Shel Silverstein en este poema lleno de humor que acude a la impertinencia de un niño preguntón:

Le pregunté a una cebra:[108]
¿Eres negra con rayas blancas?
¿O eres blanca con rayas negras?
Y la cebra me preguntó:
¿Eres bueno y te portas mal?
¿O eres malo y te portas bien?
¿Eres ruidoso con momentos de silencio?
¿O eres silencioso con momentos ruidosos?
¿Eres feliz con días tristes?

[107] Suárez Caamal, Ramón Iván. *Palabras para armar tu canto*, ed. cit., p. 58.
[108] http://blog.rtve.es/vueltayvuelta/2013/12/la-cebra.html

¿O eres triste con días felices?
Y así siguió una y otra vez…
No le vuelvo a preguntar
a una cebra sobre rayas.
¡Nunca!

Ves. No es tan difícil. Baila sobre la curiosidad, toma tu lapicero y escribe.

LECCIÓN 11

LA MÚSICA DE LOS NOMBRES

Me presento ante ustedes

Rápidamente y sin pensar, selecciona un animal cuya letra inicial sea la de tu nombre. El poeta Pablo Neruda escogió *pájaro*. Y yo, que me llamo Ramón, me puedo decidir por *rinoceronte, renacuajo, ratón* o *reno*.
Lee el inicio del poema "El pájaro Pablo" escrito por Pablo Neruda:[109]

Me llamo el pájaro Pablo,
ave de una sola pluma,
volador de sombra clara
y de claridad confusa,
las alas no se me ven,
los oídos me retumban
cuando paso entre los árboles
o debajo de las tumbas
cual un funesto paraguas
o como una espada desnuda…

Ahora lee este que escribí para mi nombre:

RAMÓN RINOCERONTE

Hola, soy Ramón Rinoceronte.
Me gusta pintar y hacer versos,
aunque vieran qué difícil
fue al principio de mi vida.
Primero amarré el pincel a mi único cuerno
y embestí la tela y el cuaderno.
Como no veía nada

---

[109] http://www.neruda.uchile.cl/obra/obraartepajaros4.html

—mis ojos eran dos líneas cerradas—
hice un desastre con el cuadro y el poema.
Después puse el lápiz en mi cola diminuta;
mas era un lío escribir de espaldas y al soslayo
pues, aunque mirara en un espejo,
los versos resultaban garabatos.
Al final mordí pincel y lápiz
y pude pintar y escribir libre y confiado.
Debo además decirles
que aunque lento,
soy un tanque de combate.
Así que no le busquen mis rivales
o quedarán hechos talco.
No sé cantar pero me agradan
las ranas en su charco
y la gorda luna, pues parece
una rinoceronte blanca, enamorada,
que dormita en la hierba mansamente.
Bueno, aquí los dejo,
me voy veloz a la carrera.
Busco el olorcillo de la hierba
que retoña en los breñales.
Este polvo que miran es mi adiós.

Aunque, pensándolo bien y reflexionando acerca de mis características, creo que sería más apropiado describirme así:

EL RENO RAMÓN

¡Ey!, soy el reno Ramón.
La Navidad en la testa
endulza mi corazón,
pues la vida es una fiesta.
Viento que lo ves y viste
todo, y arrancas las hojas,
tú sabes que fui muy triste
por pesares y congojas
y ya no lo soy. Lo digo
porque me siento tu amigo.
Bien mirado, soy un reno

que al crecer quiere ser bueno;
pintar con palabras todo
y conseguir, de este modo,
la belleza de las cosas.
Soy un reno de verdad.
Me gusta la Navidad,
el campo, las mariposas.
Conquistaré el universo.
Yo soy el reno Ramón,
te daré mi corazón
en cuanto leas mis versos.

Observa cómo en los textos anteriores el sujeto lírico describe sus características y actitudes a través de las del animal que seleccionó. Escribe tu poema con la misma técnica y luego compártelo mediante la lectura. Recuerda que tu texto debe tener imaginación y emotividad.

Gianni Rodari en su *Gramática de la fantasía* propone un ejercicio al que titula "La china en el estanque",[110] en el que comenta cómo una palabra, igual que una piedra arrojada a un estanque, irradia una serie de asociaciones, reacciones en cadena, sonidos, imágenes, recuerdos, significados y sueños. Entonces desarrolla estos pasos:

Escribe las letras una debajo de otra.

C
H
I
N
A

Escribe junto a cada letra la primera palabra que llegue a la mente, formen o no un frase con sentido.

C: Cien
H: hilanderas
I: imaginaban
N: negruzcas
A: arañas

---

[110] Rodari, Gianni. *Op. cit.*, pp. 13-17.

Escribe frases o versos, de preferencia pareados, con rima consonante. Por ejemplo:

> Cien hilanderas de mucho postín
> se entretenían con un puercoespín.
>
> Imaginaban hilos por ciento
> en la negruzca peluca del viento.

Y el poema puede seguir por el sendero de la imaginación:

> Negruzcas agujas en sus diestras manos
> zurcían los huecos de un circo romano.
> Parecían arañas esas manos diestras
> cosiendo los trajes de todas las fiestas…

Sigue los pasos anteriores con la palabra ALEGRÍA.

HAGAMOS ACRÓSTICOS

Estas composiciones literarias se escriben de este modo: se colocan verticalmente las letras de una palabra y con cada letra inicial se escribe un verso. Lee el que sigue y haz uno con tu nombre o con el de otra persona.

ACRÓSTICO

> Río cuando a la vida doy las gracias,
> Amo lo que sucede cada día.
> Mientras el sol, la luna nos alumbren,
> Órbitas del juego y del destino,
> Nunca me rendiré a la desventura.
>
> Invento un mañana donde los ríos vuelan,
> Voy en sus corrientes como un salmón que salta al cielo,
> Ánade que vuela entre nubes de lluvia,
> Nadie puede prohibirme a qué lugares vaya.

Lee y observa las frases y el poema en donde se juega con los sonidos de los nombres:

Elsa es la isla donde habitan las gaviotas..
Ramón: Amón, tal vez Ra, dioses egipcios…
Serapio no quiere ser apio y menos decir pio, pio…
Serafín, como ángel es bueno ser afín a las nubes y a los relámpagos…
Omar, oh mar, las olas juegan a perseguirse…

CANTO IV[111]

Aquí yace Carlota ojos marítimos
Se le rompió un satélite
Aquí yace Matías en su corazón dos escualos se batían
Aquí yace Marcelo mar y cielo en el mismo violoncelo
Aquí yace Susana cansada de pelear contra el olvido
Aquí yace Teresa esa es la tierra que araron sus ojos
      [hoy ocupada por su cuerpo

Aquí yace Angélica anclada en el puerto de sus brazos
Aquí yace Rosario río de rosas hasta el infinito
Aquí yace Raimundo raíces del mundo son sus venas
Aquí yace Clarisa clara risa enclaustrada en la luz
Aquí yace Alejandro antro alejado ala adentro
Aquí yace Gabriela rotos los diques sube en las sabias
      [hasta el sueño esperando la resurrección
Aquí yace Altazor azor fulminado por la altura
Aquí yace Vicente poeta y antimago.

Vicente Huidobro

Escribe una o varias frases en donde juegues con los sonidos de algunos nombres.

Lee y reflexiona acerca de cómo los nombres pueden convertirse en motivos para escribir poemas en los dos textos siguientes:

---

[111] http://www.vicentehuidobro.uchile.cl/altazor_canto4.htm

DOS Y UNO: TRES

Mi hermana mayor se llama **Estrella**
y la mediana es **Luna**.
¿Por qué a mí no me pusieron **Asteroide**,
Planeta Rojo, **Núcleo de las Galaxias**
sino **Omar** y soy el **Mar**, oh sí, el **Mar**
que canta siempre enronquecido su aventura.
Dicen que los nombres son espejos:
Estrella resplandece en cuanto libro encuentra.
Luna es romántica,
escribe versos,
quiere ser artista.
Yo, **Omar**, corro por la arena doble del mar y del desierto.
Mi aventura es la vida entre juguetes:
mis caballos árabes,
mis galgos comesombras,
mis arcos cazanubes.
Los tres brillamos en el firmamento de mis padres.

CANCIÓN DE CUNA PARA MARTINILLO[112]

De tin Martín,
dedo pingüé,
tu calcetín
pingüino fue.

Martín mar tinto,
tinto Martín
como un delfín
de azul distinto.

Martín martillo
de tin marín,
dime, Martín,
si es verde el grillo.

---

[112] Suárez Caamal, Ramón Iván. *Cuna la media luna*, Instituto Literario de Veracruz, 2013, pp. 42-43.

También, por fin,
di si el tigrillo
es amarillo
y el mar, Martín.

O si el cuclillo
canta en latín;
duerme, Martín,
sí, Martinillo.

¿Ves qué sencillo?,
el sueño baja
pues tu sonaja
es un martillo.

Din-dan, dan-din;
duerme, pequeño,
tu dulce sueño
cuida un mastín.

De tin Martín
dedo pingüé
del gordo pie
sin calcetín.

Selecciona uno de estos inicios o inventa otros y con alguno escribe tu poema.

Clara es clara. ¿De luz o de avestruz?
Armando ando y desarmando todo…
Lluvia me llamo y amo las campiñas que visito…

Trata de jugar con los sonidos de tu nombre. Cierra los ojos e imagina cómo eres, qué te gusta y qué te desagrada, a qué le tienes miedo, piensa en tus juegos y juguetes preferidos, en qué animal te gustaría convertirte, imagina que te dan un regalo. Deja volar tu fantasía y después escribe lo que imaginaste mientras juegas con los sonidos de tu nombre. Revisa tu texto, corrígelo y pásalo en limpio.

También los apellidos se prestan para los juegos poéticos y dan lugar a textos imaginativos y llenos de humor.

LOS APELLIDOS[113]

Adán Manzano y Eva Lima
son amigos desde siempre.
Pedro Torres, buen casero
y me cuentan que don Pablo
Casasola es ermitaño.
Luisa Vaca vende leche,
Toño Oliva ama la paz
y Elsa Paz a Toño ama.
Hace muebles Roy Encinas,
venden tierras los Colinas
al igual que Armando Valle.
Olga Huerta ofrece frutas,
Juan Corral cuida cochinos,
los Borrego son pastores,
Luis Ladrón es agiotista,
Rosa Espino, perfumista
y madruga Clara de Alba.
¡Qué jugos!, Rocío Mora.
¡Cuánta suerte, los Ventura!
¡Qué románticos los Luna!
¿Será artista Armando Verde
o es Ángel Pinto el pintor?
Reyes Corona es monárquico,
tiene amnesia Amor Espejo,
Santos hace buenas obras,
Frías es del Polo Norte,
Salvatierra, ecologista…

Si ponerse un apellido
es acto de fantasía,
por qué no llamarse Mar
de apellidos Arcoíris
o Punta de Flecha Obsidiana,
Jacinto del Monte Blanco,
Hormiga de Hojas Cortadas,

---

[113] Suárez Caamal, Ramón Iván. *Jugar*, ed. cit., pp. 10-13.

Huella de los Unicornios.
Tal vez no estaría mal
continuar con este juego
para apellidarse Fuego
y Vendaval Vendaval.

Continúa el poema siguiente y añade más versos con apellidos:

Armando Torres quiere ser farero
pero le tiene miedo a las alturas,
Lucila Nieves ha de ser de un cuento
donde una bruja le dio una manzana,
Zoila Paz de la Selva trajo pájaros
que cantan con dulzura entre sus jaulas,
Rosario Santos se porta mal,
Casimiro Buenavista ve como un topo…

Con los nombres y apellidos igual pueden crearse poemas.

Doña Florinda Flores de Viveros
es amiga de Flor Silvestre de los Campos;
en el jardín de Florencio, las amigas
charlan de la lluvia y los relámpagos…

Selecciona uno de estos inicios o de los anteriores y escribe:

Noé Simón, qué contradicción:
pues dice sí si dice no.

_____

_____

_____

Anselmo Barajas es un tahúr
y un as haciendo a su apellido honor,

_____

LECCIÓN 12

¡INFRACCIONES Y HALLAZGOS! JUEGOS CON LOS SONIDOS

Te puedes pasar horas y horas entretenido en tus mundos de fantasía, en los que una pequeña rama es un avión o en un barco de papel navegas con traje de pirata.

En el lenguaje poético las palabras se comportan como les da la gana y duermen la siesta en los lugares que menos se espera. Eso está bien.

Hacer poemas puede ser divertido si los escribes con humor, olvidas los significados y saltas en un pie o en zancos sobre los sonidos, cambias una sílaba por otra, inventas palabras o las dices al revés como si las miraras en el espejo:

¿Despue mecirde luac se le orto brenom ed al nalu?

Te acuerdas de aquel entretenimiento en donde a cada sílaba de las palabras agregas otra que se repite y sirve para dificultar que los demás que no están en el secreto (especialmente los adultos) entiendan el significado y hasta la pronunciación. Este recurso se conoce como jerigonza. Por ejemplo, ardilla puede decirse arpadipillapa. Digamos que se parece a los trabalenguas.

Lee este ejemplo de María Baranda del poema "Chan Chu" que nos remonta a la China Antigua y al amuleto del sapo de la fortuna:

> *Treschan pataschu tienechan*[114]
> *treschan ojoschu verdeschan*
> *verdechan enchu lachan tardechu*
>
> *estechu sapochan eschu*
> *unchan pájarochu encantadochan*
> *Todoschan tienenchu miedochan*
> *a laschan treschu pataschan*
> *a loschu treschan ojoschu verdeschan...*

---

[114] Baranda, María. *La casa del dragón y otros poemas de horror*, SM de Ediciones, 2014.

En apariencia arbitrarios, los juegos sonoros no lo son totalmente. O es el autor quien cree escuchar ecos y sugerencias en estos sonidos. El poema anterior se vuelve extraño al aumentarle una sílaba y, a mí, me lleva al mundo de las bestias míticas de los chinos y, oh, sorpresa del internet pues, al escribir chan chu en google, aparece la imagen de un sapo. Lee los versos suprimiendo las sílabas que se agregaron.

Algo parecido sucede con la jerigonza en donde se agregan sílabas en el interior y final de las palabras. Aplica este recurso sonoro a algunos versos del poema siguiente. Ya inicié con el título.

NAPANAPA DELPE DIENPETEPE FLOPOJOPO[115]

Creciente, menguante,
menguante, creciente
colgado de un diente
está un elefante.

Menguante, creciente,
¿tú crees que aguante
si cuelgo un estante
a tu flojo diente?

Menguante, creciente,
creciente, menguante
un hilo tirante
y ¡zas! fuera el diente.
Guárdalo debajo
de tu almohada y siente
al Ratón del Diente
que un regalo trajo.

Si duerme tu diente,
mi flojo chimuelo,
verás en el cielo
la luna creciente.

Escribe un poema de tu creación al que le apliques la jerigonza.

---

[115] Suárez Caamal, Ramón Iván. *Cuna la media luna*, ed. cit., p. 30.

Otro mecanismo es el *vesre* (revés). Consiste en formar nuevas palabras a partir de cambiar de lugar las sílabas de varias de ellas. Lo popularizaron en Argentina y Uruguay los compositores de tangos. María Elena Walsh lo emplea en estos versos:

> (Un Nogüipin, un Greti, un Lodricoco.[116]
> Un Toquimos, un Mapu, una Rratoco.
> Una Faraji, un Toga.
> Un Rrope, una Tavioga.
> Un Llobaca, un Norrizo y un Teyoco.)

¿Sabes qué dicen realmente?

Caso especial es el de los trabalenguas, tan abundantes en la versificación popular, en los que muchos poetas han tomado material para crear sus textos. Leamos este de David Chericián:

> Mientras[117]
> menos
> gnomos
> ven los monos,
> ven los gnomos
> menos monos.

Los trabalenguas son juegos con los sonidos, cuya dificultad de pronunciación y enunciación es todo un reto. Además de servir para la adquisición del lenguaje en los aspecto de la dicción y la fluidez, constituyen verdaderos artefactos de ingenio verbal. Lo ilógico y el sinsentido de las frases permiten el disfrute de la libertad del juego verbal a quien los pronuncia. Los caminos para inventar trabalenguas son diversos:

Palabras de por sí largas y difíciles de pronunciar que se expanden aún más y distorsionan en las frases que lo forman: Parangutirimicuaro, otorrinolaringólogo, paralelepípedo.

---

[116] Walsh, María Elena. *Zoo Loco*, Alfaguara Infantil, 2005, p. 65.

[117] Chericián, David. *Trabamáslenguas*, Cangrejo editores, 2009, p. 23.

El otorrinolaringólogo de parangaricutirimicuaro[118]
se quiere desotorrinolangaparangaricutirimicuarizar.
El desotorrinolaringaparangaricutimicuador
que logre desotorrinolangaparangaricutirimucuarizarlo,
buen desotorrinolaringaparangaricutimicuador será.

Palabras donde algunos sonidos permutan su posición: camarón,
caramelo/ carabela, calavera/ tapa, pata/ clavito, calvito.

Pablito clavó un clavito[119]
en la calva de un calvito,
en la calva de un calvito
Pablito clavó un clavito.

Repetición casi onomatopéyica de un sonido, por ejemplo, la n:

Cuando cuentes cuentos,[120]
cuenta cuantos cuentos cuentas.
Cuenta cuantos cuentos cuentas,
cuando cuentes cuentes.

Juego con las palabras parónimas, por ejemplo: Paco, peco,
pico, poco.

Paco Peco, chico rico,[121]
insultaba como un loco
a su tío Federico;
y este dijo: Poco a poco,
Paco Peco, poco pico.

Un verbo que al conjugarse da lugar a juegos sonoros y de significado:

Cómo quieres que te quiera[122]
si el que quiero que me quiera

---

[118] http://trabalenguascortos.com/

[119] Ibídem.

[120] http://es.wikiquote.org/wiki/Trabalenguas

[121] http://www.educar.org/lengua/trabalenguas.asp

[122] http://es.wikiquote.org/wiki/Trabalenguas

no me quiere como quiero
que me quiera.
Si el que quiero que me quiera
me quisiera como quiero
te querría como quieres
que te quiera.

Construir trabalenguas es disfrutar con lo sonoro del idioma. Yo hice algunos que comparto:

En un tris me dio tristeza
y en un tris te sonreí,
no estoy triste en mi tristeza
si en un tris estás aquí.

Un pijije en Pijijiapan
pijijiaba sus piojitos,
sus piojitos pijijiaba
en Pijijiapan un pijije.

Del mismo modo, con el conocido trabalenguas de los tres tristes tigres escribí este poema:

TRES TRISTES TIGRES[123]

Tres tristes tigres magníficos y mansos
tienen el oro de los trigales en la piel
y la sombra de los troncos de la selva.

Los tres triscan las trenzas doradas
de las espigas. Los tres caminan atribulados.
¿En dónde estriba la razón de su tristeza?

Tres tristes tigres mansos, magníficos
se arrastran en tres palabras,
tres, que nos traban la lengua.

---

[123] Suárez Caamal, Ramón Iván. *Jugar*, ed. cit., p. 36.

En las espigas llora el rocío,
los trigales el cierzo dobla.
Tronos del trueno tragan sus lágrimas.

Tristes tigres, tres, para que no sollocen,
pintaré en la cara de la luna la sonrisa
de un payaso. Luego les haré cosquillas

en el lomo y las orejas, con espigas;
les confiaré que las nubes son plumas
del ganso gordo del sol de las tardes.
Tigres, no tristes, en el lecho de los trigales…

Vicente Huidobro, en *ALTAZOR*,[124] ensaya una gran variedad de juegos sonoros.

CANTO IV

Al horitaña de la montazonte
La violondrina y el goloncelo
Descolgada esta mañana de la lunala
Se acerca a todo galope   165

Ya viene viene la golondrina
Ya viene viene la golonfina
Ya viene la golontrina
Ya viene la goloncima
Viene la golonchína
Viene la golonclima
Ya viene la golonrima
Ya viene la golonrisa
La golonniña
La golongira
La golonlira
La golonbrisa
La golonchilla
Ya viene la golondía
Y la noche encoge sus uñas como el leopardo…

[124] http://www.vicentehuidobro.uchile.cl/altazor_canto4.htm

Otro ejemplo singular en el que se juega con las palabras.

> Ahora que los ladros perran,[125]
> ahora que los cantos gallan,
> ahora que, albando la toca,
> las altas suenas campanan,
> y que los rebuznos burran,
> y que los gorjeos pájaran
> y que los silbos serenan,
> y que los gruños marranan,
> y que la aurorada rosa,
> los extensos doros campa...

Lee con atención los textos y observa los comentarios siguientes acerca de las infracciones y hallazgos de sonidos. Aporta tus ideas.

- En el Canto IV las sílabas y letras cambian de lugar y crean nuevas palabras.
- En el Canto VII las palabras pierden todo sentido y se vuelven solo sonido. O bien, se inventan palabras a partir de otras. Descubre cuáles son.

Explica qué sucede en el poema que inicia con *Ahora que...*
Escribe frases y luego cambia de lugar algunas partes de ellas. Por ejemplo:

> En el corazón de la noche/En el coche de la norazón.

Cambia los verbos y las sílabas finales de la última palabra de este verso varias veces o de otro que tú escribas.

> Ya asoma asoma el arcoíris
> Ya canta canta el arcoibis
> Ya duele duele el arcobilis...

Continúa este poema mientras inventas palabras y juegas con los sonidos.

---

[125] Marchamalo, Jesús. *La tienda de palabras*, Ediciones Siruela, 2001, p. 87.

"Apenas se entreplumaban, algo como un ulucordio los[126] encresto-
riaba, los extrayuxtaba y paramovía, de pronto era el clinón, las es-
terfurosa convulcante de las mátricas, la jadehollante
embocapluvia del orgumio, los esproemios del merpasmo en una so-
brehumítica agopausa. ¡Evohé! ¡Evohé!"

Con los versos que creaste en los ejercicios anteriores, escribe un poema.

Alfonso Reyes, poeta y ensayista mexicano, asienta que la poesía
cuando juega no se encamina a la razón sino a la imaginación y a los
sentidos. Hay otros recursos como la aliteración (repetición de un mismo sonido), la onomatopeya (imitación de los sonidos de la naturaleza), paronomasia (cambio del significado a partir de la variación de
un sonido de la palabra). Veamos algunos textos.

EL LIBRO TONTO[127]

Tengo cincuenta ojos,
digo... cincuenta hijos,
digo... cincuenta ¡hojas!

Soy de timón y lima,
digo... de toma y muela,
digo... ¡de tomo y lomo!

Soy libre, digo… Libra, digo… ¡libro!
Soy un libro, sí, sí.

Pero llevo cerrado tanto tiempo…
que así me he vuelto tanto,
me he vuelto tinte,
me he vuelto… ¡tonto!

Beatriz Giménez de Ory

---

[126] http://noticias.lainformacion.com/arte-cultura-y-espectaculos/literatura/las-palabras-que-invento-julio-cortazar_F4YsBk2TBmrg3ZUo7nsQd7/
[127] Giménez de Ory, Beatriz. *Los versos del libro tonto*, Faktoría K de Libros, 2011, p. 9.

Localiza y escribe palabras donde haya paronomasias:

masa, mesa, misa/caballo, cabello/ora, hora, era, ira/

Intenta escribir un poema divertido con paronomasias. Lee estos dos ejemplos más, uno de Eduardo Polo (seudónimo de Eugenio Montejo) y el otro de Mirta Aguirre:

La bici sigue la cleta
por una ave siempre nida
y una trom suena su peta…
¡Qué canción tan perseguida!

El ferro sigue el carril
por el alti casi plano,
como el pere sigue al jil
y el otoño a su verano.

LA PÁJARA PINTA[128]

Pájara pinta,
jarapintada,
limoniverde,
alimonada.

Ramiflorida,
picoriflama,
rama en el pico,
flor en la rama.

Pájara pinta,
pintarapaja,
baja del verde,
del limón baja.

Mirta Aguirre

---

[128] Aguirre, Mirta. *Juegos y otros poemas*, Editorial Gente Nueva, 1988, p. 25.

¿Qué juego con las palabras y los sonidos descubres en los fragmentos del primer poema? ¿Y en el segundo y tercer textos, cómo se divierten los autores con los sonidos?

Inventa nuevos poemas en donde juegues con los sonidos de las palabras.

Hay otro juego con los sonidos: la jitanjáfora, término acuñado por Alfonso Reyes, que es una forma de hacer poesía en la que lo más importante es el juego de palabras reales e inventadas y el sinsentido de las oraciones. Esta forma de poetizar surge de un poema del Mariano Brull:

Filiflama alabe cundre[129]
ala olalúnea alífera
alveolea jitanjáfora
liris salumba salífera.

Olivea oleo olorife
alalai cánfora Sandra
milingítara girófora
ula ulalundre calandra…

Infinidad de ejemplos aparecen en la poesía popular y en las porras que dicen en voz alta las multitudes en los encuentros deportivos y actos de adhesión a ciertas personalidades.

A la cachi cachiporra, porra, porra…
Siquitibum a la bimbombam,/a la bio, a la bao, a la bimbomba…
Piripín, piripín, pon, pon…
Amo, ató, matarilerileró…
Arrepote, pote, pote,/arrepote, pote, pan…
Al dindón de la dina, dina, danza…

Con la jitanjáfora podemos jugar con los sonidos y ejercitarnos en la escritura y ritmo de los versos tradicionales. Por ejemplo:

De una, de dola,
de tela canela,

---

[129] https://www.poeticous.com/mariano-brull/jitanjafora-1?locale=es

zumbaca tabaca,
que vira virón.

Frambuesa fenina
Melaza coleta
Patirre patina
La mosquiteleta.

Lee éstas de Rafael Alberti:

EL BOSCO[130]

El diablo hocicudo,
ojipelmbrudo
cornicapricudo
y rabudo
zorrea,
pajarea,
mosquiconejea,
lumea,
ventea,
peditrompetea
por un embudo.
El diablo liebre,
tiebre,
no tiebre,
sipilipitiebre
y su comitiva,
chiva,
estiva,
sipilipitriva,
cala,
empala,
desala,
apuñala,
con su lavativa.

Rafael Alberti

---

[130] http://www.cervantesvirtual.com/obra-visor/rafael-alberti-y-la-literatura-infantil-0/
html/0039eed0-82b2-11df-acc7-002185ce6064_2.html

Inventa jitanjáforas y practica ritmo y medida de los versos tradicionales.

> La cuna matrona…
> Zumba, zumba lazaré…
> Un tordo trincha y troza la trucha…
> Soledín, soledín del sol sol sol…
> Al tin truco la parva parvada…

Lope de Vega, poeta español del siglo XVII, utiliza los juegos con sonidos para crear esta hermosa canción:

¡HOLA, QUE ME LLEVA LA OLA![131]

> ¡Hola, que me lleva la ola,
> hola, que me lleva a la mar!
>
> ¡Hola, que llevar me dejo
> sin orden y sin consejo,
> y que del cielo me alejo
> donde no puedo llegar!
>
> ¡Hola, que me lleva la ola,
> hola, que me lleva a la mar!

Tú también podrías escribir jugando con los sonidos. Inténtalo.

---

[131] http://bibliopoemes.blogspot.mx/2015/07/hola-que-me-lleva-la-ola-ens-deixem.html

LECCIÓN 13

¡CONFUSIÓN DE CONFUSIONES! LA SINESTESIA[132]

Imagina que puedes pintar los árboles con los sonidos de un silba-
to. O tocar el perfume de una flor. ¿Te atreverías a mirar el sabor dulce de una piña? ¿O a morder el canto de un pájaro? ¿Y si escucharas
la sinfonía de colores del jardín o probaras lo agrio del color rojo, lo
amargo del color negro y lo salado del amarillo? Una fruta arcoíris,
¿tendrá siete aromas? ¿Los truenos son de oro cuando los relámpagos
suenan sus tambores? Qué tal ponerle colores al viento o inventar la
música con la que suena la tristeza. Pues los poetas lo hacen, ¡y muy
bien!. Un ejemplo del Japón:

No tengo pincel
que pinte las flores del ciruelo
con su perfume.
Satomura Shoha[133]

EL NIDO[134]

Los árboles que no dan flores
dan nidos;
y un nido es una flor
con pétalos de pluma;
un nido es una flor color de pájaro

---

[132] La sinestesia es una figura literaria que indica una relación anómala entre los pla-
nos sensoriales. La palabra quiere decir "mezcla de sensaciones" y se manifiesta litera-
riamente al atribuir cualidades de un cierto plano sensorial a otro. Decir, por ejemplo:
"esta luz está helada" o "ya olemos el verde de los campos" o "azul es salado cuando
rojo es dulce". http://poesia.about.com/od/Concursosparapoetas/a/La-Sinestesia.htm

[133] https://www.facebook.com/todossomoslenguaje/posts/843342372413006

[134] http://www.taringa.net/posts/arte/6384796/Fernan-Silva-Valdes-el-poeta-que-canto-
a-la-patria-nativa.html

cuyo perfume entra por los oídos.
Los árboles que no dan flores
dan nidos.

Fernán Silva Valdés

Otro ejemplo es este del poeta español del Siglo de Oro, Francisco de Quevedo:

Retirado en la paz de estos desiertos,[135]
con pocos, pero doctos libros juntos,
vivo en conversación con los difuntos,
y escucho con mis ojos a los muertos...

Más muestras:

Aroman las rosas las sílabas de tu nombre (olfato-oído)
Admiro el oro matinal en los trinos de los pájaros (vista-oído)
Las risas de los niños saben a naranjas jugosas (oído-gusto)
En la noche invernal/el grito de las garzas/también es blanco (oído-vista)
Cuelgan caimitos de tonos gregorianos en los altares de Cuaresma (vista-oído)
Mordería al amanecer los dulces trinos de las alondras (gusto-oído)

JUGUEMOS CON LOS SENTIDOS

Enlaza con flechas ambas partes para crear sinestesias. Escríbelas en tu cuaderno.

EL OLFATO

Esta escalera	tiene el olor de un ángel en el cielo.
Esa puerta	despide el aroma de un corazón enamorado.
Esa hoja de papel	posee el perfume de la brisa cuando pasa.
Este espejo en mi mano	contiene el olor del sol al amanecer.
Esta bicicleta	compró el aroma del mar en la tormenta.
Este cuaderno	tiene el perfume de una rosa.
Esta risa	posee el aroma luminoso de un espejo roto

---

[135] http://escuchandoconlosojos.blogspot.mx/2007/11/y-escucho-con-mis-ojos-los-muertos.html

La vista

Completa las sinestesias.

- Este árbol tiene _____.
- Esta rosa tiene _____.
- Este pañuelo tiene _____.
- Esta lágrima tiene _____.
- Esta estrella tiene_____.
- Este perro furioso tiene _____.
- El llanto de mi madre tiene _____.
- Un barco de papel tiene _____.
- Los ojos de mi padre tienen _____.
- La amistad tiene _____.
- El amor tiene_____.

(el color de la primavera/ los destellos de un cuchillo que arde/ el color rojizo del otoño/ la forma de un reloj/ los colores de la angustia/ la forma de una estatua sin alas/ la suavidad de un olvido entre nubes/ la forma de un río/ el color oscuro del miedo/ el tierno verdor de la primavera/ el oscuro pesado de la tormenta)

Crea más sinestesias en un coctel de los sentidos:

El oído
La noche
Esta lluvia
Las hojas secas
Mis miedos a la noche
Los pasos en la calle
Tres golpes en la puerta
Las estrellas de la mañana
Un piano
El llanto de un enamorado
El tacto
El desprecio
La alegría

Las piedras del río
La caricia de mi madre

(platican con el mar/ tiene cientos de espinas/ suelta campanas de
locura/ besan con labios nuevos/ acompañan a la soledad/ pasa un
pañuelo fresco en mi frente/ es brisa para mi rostro/ llevan grillos en
sus espaldas/ suena a música de una cascada/ conversa con un barco
somnoliento/ a tus manos que aplauden/ secan el llanto del invier-
no/ bailan con las sonrisas)

Inventa más sinestesias:

El olfato

Esta hoja seca huele a
Esta nube oscura huele a
Mi tristeza tiene el olor de
Amo el aroma a manzana de
El odio es hediondo olor de

La vista

Tu sonrisa tiene el color de
Tu alegría tiene la forma de
El relámpago tiene el color de
Aquella palmera tiene la forma de
Una garza tiene la forma de

El oído

La puerta del viento trae
Tus pasos en la escalera son
El trueno es
El reloj de pared tiene
Los ruidos de la noche bailan con

El tacto

El viento de la mañana es
El agua de la lluvia amanece

La llama de una vela muestra
El amor es
Los enamorados tienen las manos

El gusto

Dame agua de noche
El miedo exprime
La amistad tiene el sabor de
La tristeza tiene el sabor de
La noche es cómplice de

Observa algunas pinturas de Joan Miró y después lee los siguientes fragmentos de un poema que Octavio Paz dedicó al pintor:

FÁBULA DE JOAN MIRÓ[136]

(...) El azul estaba inmovilizado, nadie lo miraba, nadie lo oía:
el rojo era un ciego, el negro un sordomudo.
El viento iba y venía preguntando ¿por dónde anda Joan Miró?
Estaba ahí desde el principio pero el viento no lo veía:
inmovilizado entre el azul y el rojo, el negro y el amarillo,
Miró era una mirada transparente, una mirada de siete manos.
Siete manos en forma de orejas para oír a los siete colores,
siete manos en forma de pies para subir los siete escalones del arcoíris,
siete manos en forma de raíces para estar en todas partes y a la vez en
[Barcelona.
Miró era una mirada de siete manos.
Con la primera mano golpeaba el tambor de la luna,
con la segunda sembraba pájaros en el jardín del viento,
con la tercera agitaba el cubilete de las constelaciones,
con la cuarta escribía la leyenda de los siglos de los caracoles,
con la quinta plantaba islas en el pecho del verde,
con la sexta hacía una mujer mezclando noche y agua, música
[y electricidad,
con la séptima borraba todo lo que había hecho y comenzaba
[de nuevo. (...)

---

[136] Paz, Octavio. *Obra poética, Visto y dicho.* (1935-1988), Seix Barral, 1991, pp. 720-723.

Las miradas son semillas, mirar es sembrar, Miró trabaja como
un jardinero
y con sus siete manos traza incansable —círculo y rabo, ¡oh! y ¡ah!—
la gran exclamación con que todos los días comienza el mundo.

Realiza las actividades siguientes:

a) Subraya los versos que te hayan parecido interesantes, extraños,
conmovedores o muy imaginativos. Explica lo que te dicen.
b) Observa algunos cuadros de este pintor y explica lo que comu-
nica a tus sentidos: qué ves, hueles, oyes o captas con el gusto
y el tacto.
c) ¿Qué te sugiere el verso: Miró era una mirada transparente, una
mirada de siete manos…?
d) Imagina que tú eres el pintor. ¿Qué harías con cada una de tus
manos-mirada?

Con la primera mano_____,
Con la segunda _____,
Con la tercera _____,
Con la cuarta _____,
Con la quinta _____,
Con la sexta _____,
Con la séptima _____ …

Trabaja con sabores y emplea la sinestesia, mezclándole sonidos,
olores, sensaciones táctiles y visuales. Continúa el poema:

En mi oído de gustos exquisitos
anidan siete pájaros misteriosos:
el primero excava la sinfonía de las frutas,
el segundo _____,
el tercero _____,
el cuarto _____,
el quinto _____,
el sexto _____,
el séptimo _____.

Deja que la emoción y la imaginación te lleven por sus caminos misteriosos. Observa estos haikús en los que se confunden tacto y oído, oído y vista, vista y tacto.

HOJAS EN EL AGUA[137]

1
No pesa el nido;
cómo, sí solo es canto,
ha de pesar.

2
Caballos blancos
bajo la luna llena.
Solo relinchos.

3
También la luna
—y por eso está pálida—
tiembla de frío.

Crea algunos poemas breves como los anteriores en los que uses la sinestesia. Utiliza algunas de las que hiciste en los ejercicios. Puedes escribir textos que describan frutas musicales, pájaros que tengan sabores diversos, canciones con aromas o flores que muestren las temperaturas, formas y colores de los sentimientos. Inventa frases poéticas:

Perfuma a las abejas en cortejo la nieve de los naranjos.
Huelo el gris de mi niñez en las humedecidas grietas de los recuerdos.
Ciego de frutas muerdo los cantos agrios de la despedida.

¿Qué escribirías de una cigarra y su largo chirrido si lo mezclas con el color pardo de su cuerpo y las emociones que ello te producen?
¿Si pudieras palpar el arcoíris, ¿cómo sentirías cada color?
Imagina la oscuridad de la noche en tu cuarto y descríbela poéticamente por medio de los olores.

Asocia el dolor a una fruta y su sabor. Descríbelo con sonidos.

---

[137] Suárez Caamal, Ramón Iván. *Hojas en el agua*, compilación, Ed. Nave de Papel, 2016, pp. 27, 53 y 54.

LECCIÓN 14

TRUEQUES, PRÉSTAMOS, COMBINACIONES

A veces las frases dan en préstamo sus palabras, hacen trueques, intercambian, combinan sus elementos y sus significados. Veamos algunos casos.

> Mañana el campo[138]
> seguirá los galopes del caballo
>
> La flor se comerá a la abeja
> porque el hangar será la colmena
>
> El arcoíris se hará pájaro
> y volará a su nido cantando
>
> Los cuervos se harán planetas
> y tendrán plumas de hierba
>
> Y el árbol se posará sobre la tórtola
> mientras las nubes se hacen roca
> *Vicente Huidobro*

Cecilia Pisos en su poema "Canta la lluvia" juega con varios elementos y los combina dándoles los atributos de uno al otro: la lluvia canta, los sapos llueven, el agua salta y salpica un color verde y el sol suena su nota:

---

[138] http://www.vicentehuidobro.uchile.cl/altazor_canto3.htm

Canta la lluvia[139]

con sus gotas
de música mojada

mientras los sapos
llueven
verde y fino...

Elabora parejas de palabras con las que puedas hacer un trueque de significados y después construye tus versos. Por ejemplo:

peces/aves: En el cielo cantarán los peces
mientras las aves serán las velas de las barcas.

dedo/lápiz: Mi dedo escribirá su risa con la uña
para que el lápiz señale el horizonte.

fuego/agua:

nieve/ libro:

hojas/hormigas:

luna/árbol:

río/montaña

Anota las frases comunes de donde surgen estos versos.

"El piano dio un escalón, / la escalinata un acorde".

_____

"Pájaros que echan raíces / y árboles en largo vuelo verde".

_____

"Ojos mudos lo ven, / labios ciegos intentan precisar tanta deriva".

_____

---

[139] Pisos, Cecilia. *Esto que brilla en el aire*, Fondo de Cultura Económica, 2017.

"Aquí el aire respira hombres puros".

_____

Observa cómo se realizan los cambios:

Una puerta que cierra sus hojas, / labios abiertos cuando besan…
Una puerta se abre en un beso, / a unos labios de hojas cerradas…

Transforma las frases del texto que sigue por medio de las combinaciones y escribe un nuevo poema:

> La tarde crea sombras,
> el sol se oculta tras el mar;
> los poemas en las hojas.
> Yo me pierdo en las metáforas
> porque, sin duda, un colibrí flecha sonrisas,
> pues en este sitio las mujeres cortan flores perfumadas.
> Finalmente cierro el libro
> y el lapicero cae sobre la mesa.

Vicente Huidobro en "Altazor" juega con el orden de las palabras en los versos y aplica el recurso de las canciones populares por medio del encadenamiento:

> Plantar miradas como árboles[140]
> enjaular árboles como pájaros
> regalar pájaros como heliotropos
> tocar un heliotropo como una música
> vaciar una música como un saco
> degollar un saco como un pingüino…

El primer verbo concuerda con el segundo sustantivo, este se repite, pero el verbo que lo precede no concuerda con él, sino con el tercer sustantivo y así sucesivamente. Ensaya estos cambios que dan vida nueva a las palabras:

_____

[140] http://www.vicentehuidobro.uchile.cl/altazor_canto3.htm

Dibujar olas como letras
pescar letras como peces
_____ peces como _____
_____ como _____
_____ como _____
_____ como _____
_____ como _____
_____ como _____
_____ como _____

En "La ronda de las disparejas",[141] David Chericián junta dos palabras a partir del cambio del género gramatical.

El como y la coma,
el cuento y la cuenta,
el trompo y la trompa
el medio y la media,
el palo y la pala,
el cepo y la cepa,
el rato y la rata,
el peso y la pesa…
el cierre y la sierra,

Agrégale versos a "La ronda de las disparejas":

El lomo y la loma,
el foco y la foca,
el hoyo y la olla,
el caño y la caña,

_____,
_____,
_____,
_____,
_____,
_____,
_____,
_____.

[141] Chericián, David. *Rueda la ronda*, t. 2, Ediciones Dipon, 2002, pp. 44-45.

No escapo a la tentación de transcribir el poema "Confusión"[143] de Roberta Iannamico, un texto ingenioso e imaginativo.

> Era una oveja que fabricaba miel
> y una abeja llena de lana.

> No, al revés.

> Era una oveja que untaba lana en un pan
> y una abeja que tejía una manta de miel.

> No, otra vez.

> Era una abeja que antes de picar decía beee.

Utiliza una de las parejas disparejas y escribe un poema siguiendo la estructura del texto "Confusión". Observa el que hice.

EL FOCO Y LA FOCA

> Este era un foco que siempre aplaudía
> y una foca que iluminaba el cuarto.

> No, al revés.
> Era un foco que comía pescados fritos
> Y una foca con un apagador en la nariz

> No, otra vez.

> Era un foco que quería nadar antes de encender.

Lee, observa y comenta el poema que está a continuación:

> La vida dibuja un árbol[144]
> y la muerte dibuja otro.
> La vida dibuja un nido

---

[143] *Poemas con sol y son*, Poesía de América Latina para niños, Coedición Latinoamericana, 2002, p. 8.

[144] http://www.paginadepoesia.com.ar/escritos_pdf/juarroz_poesiavertical.pdf .Cuarta poesía vertical, p. 44.

y la muerte lo copia.
La vida dibuja un pájaro
para que habite el nido
y la muerte de inmediato
dibuja otro pájaro.
Una mano que no dibuja nada
se pasea entre todos los dibujos
y cada tanto cambia uno de sitio.
Por ejemplo:
el pájaro de la vida
ocupa el nido de la muerte
sobre el árbol dibujado por la vida.
Otras veces
la mano que no dibuja nada
borra un dibujo de la serie.
Por ejemplo:
el árbol de la muerte
sostiene el nido de la muerte,
pero no lo ocupa ningún pájaro.
Y otras veces
la mano que no dibuja nada
se convierte a sí misma
en imagen sobrante,
con figura de pájaro,
con figura de árbol,
con figura de nido.
Y entonces, solo entonces,
no falta ni sobra nada.
Por ejemplo:
dos pájaros
ocupan el nido de la vida
sobre el árbol de la muerte.
O el árbol de la vida
sostiene dos nidos
en los que habita un solo pájaro.
O un pájaro único
habita un solo nido
sobre el árbol de la vida
y el árbol de la muerte.

Roberto Juarroz

Si a cada sustantivo le adjudicamos un número, quedaría así: vida/1, árbol/2, muerte/3, nido/4, pájaro/5, mano/6. Y jugando con las combinaciones, el poema podría reducirse a esta fórmula numérica:

$$1 + 2$$
$$3 + 2$$
$$1 + 4$$
$$3 + 4$$
$$1 + 5 + 4$$
$$3 + 5$$
$$6 = 0$$
$$(5 + 1) / (4 + 3) / (2 + 1)$$
$$6 = 0$$
$$(2 + 3) / (4 + 3) + 5$$
$$6 = 6$$
$$5 + 2 + 4$$
$$(5 + 5) + (4 + 1) + (2 + 3)$$
$$(2 + 1) + (4 + 4) + 5$$
$$5 + 4 + (2 + 1) + (2 + 3)$$

El texto siguiente fue creado al realizar el ejercicio en el taller literario que coordino, con el anterior procedimiento combinatorio y de seguimiento:

El pájaro se come el pan,
el pan golpea al árbol,
un libro se traga al pájaro.
Otro pájaro en la ventana
se come al libro que vive en el árbol.
Llega el viento
y con sus cabellos revuelve todo:
Las hojas del árbol
quedan dentro del libro;
el pan, en las alas del pájaro;
los cabellos en la ventana que llega.
Luego el pan del árbol
se come al libro
y el libro que vivía con el pájaro
cae del árbol que está en la ventana.
El pájaro espera al pan que trajo el libro

y se olvida del viento
que cuelga del árbol.

Elías Montes Peña

Escribe un texto con este procedimiento. Selecciona seis palabras y, con imaginación, desarrolla tu poema.

Muchas veces los cambios se dan en las rimas y los poemas resultan graciosos o extraños:

En el piso veintiduque
de un altísimo edifacio
Don Gato que allí era duque,
disfrutaba su palacio...

Eduardo Polo[145]

Un niño tonto y retonto
sobre un gran árbol se monto.

Con su pelo largo y rubio
hasta la copa se subio.

Se creyó un pájaro solo
que iba a volar y no volo...

Eduardo Polo[146]

Un ejemplo que viene al caso es el poema "La Calle del Gato que Pesca,"[147] escrito por María Elena Walsh, del que transcribo la dos primeras estrofas:

Peligroso es
andar por la Ca,
la Calle del Ga,
del Gato que Pes,
que Pesca y después

---

[145] Polo, Eduardo. *Chamario*, ed. cit., p. 27.

[146] *Ibídem*, p. 31.

[147] Walsh, María Elena. *El reino del revés*, ed. cit., pp. 44-47.

se esconde y escá-
pa pa pa pa.

¿Lo ves o no lo ves
al Gato que Pes?

Allí, allí,
Sentado en su ventaní.

Haz tus poemas jugando con las rimas y palabras finales incompletas. Intercambia las características de alguna de las siguientes parejas u otras que tú agrupes y escribe tu poema.

sol/luna
pez/pescador
tiempo/rueda de la fortuna
lápiz/relámpago
palabra/silencio
libro/ojos
pájaro/frutos

EL DULCE CANTO[148]

Un pájaro
madura en amarillos
mientras los mangos,
cantan su sabor
en trinos de jugosa dulzura.
El sol algo de alas,
hunde su pico
en la pulpa de las nubes.

Ramón Iván Suárez Caamal

---

[148] Poema inédito.

LECCIÓN 15

EL CAMALEÓN DE LA METÁFORA

¿Podríamos enjaular una nube? ¿Cada mañana escucharíamos trinos de lluvia? ¿Sus plumas tendrían los siete colores del arcoíris? ¿Cuando picaran una fruta de cáscara dura saltarían relámpagos?

En la poesía a las palabras les gusta transformarse; la rama de un árbol se convierte en caballo; una piedra es un pan o un libro, un pájaro. Ese es el juego de las metáforas en la poesía. Y tú, claro, eres capaz de ponerles a las palabras uno u otro traje.

Las metáforas te proporcionan las agujas que permiten urdir la realidad de un modo distinto y nuevo, arrojan una red sobre los peces de los significados y unen lo diverso y distinto. No son adornos, sino el meollo de la expresión poética.

En principio, existen tres enfoques para escribir metáforas:

1. Sensoriales: son aquellas que miran y transforman la realidad externa, con los ojos de la imaginación:

   Para el rocío, las hojas son pañuelos de adiós.
   Semilla, casa sin puertas: / deja ver tus alas verdes.
   La luna toda / está hecha de flores de azahar.
   Bajo la lluvia/ no diré que es de fuego / el flamboyán.
   Árbol: jirafa vegetal, / padre de los pájaros, / amigo de los niños, / tienes por corazón un nido…
   Llora el hielo, / quiere ser diamante.
   Después de la lluvia /las palmeras más altas / desempolvan el cielo.
   El árbol es un lápiz / que escribe con sus pájaros / en la pizarra del cielo / la magia de sus cantos.

Gilda Rincón emplea este primer procedimiento en su poema:

SAPITO VERDE[149]

Qué lindo sapito verde
cantando goré goré,
salpicada de confeti
su dura y lustrosa piel.

Con sus ojos de canica
y abanicos en las patas,
con su boca de buzón
y un fuelle blando la panza…

Localiza y subraya las metáforas del texto anterior.
Fíjate en los dos elementos que se asocian para crear la metáfora:

Noche / mar

Luna[150]

Es mar la noche negra:
la nube es una concha,
la luna es una perla.

José Juan Tablada

Reloj / ratón

Apuntes del insomnio[151]

Roe el reloj
mi corazón;
buitre no, sino ratón.

Octavio Paz

Construye metáforas en las que relaciones realidades semejantes:

---

[149] Rincón, Gilda. *Deja un rastro de luz*. Poesía para niños, NOSTRA, 2008, p. 46.

[150] http://www.materialdelectura.unam.mx/index.php/poesia-moderna/16-poesia-moderna-cat/83-033-jose-juan-tablada?showall=&start=15

[151] https://reflexionespersonales.wordpress.com/2009/02/17/insomnio-y-octavio-paz/

luciérnaga / focos navideños: Luciérnagas: Navidad en verano.

peine / ciempiés: Peina un ciempiés el césped.
arcoíris /_____:
nubes /_____ :
gallo /_____ :
río / _____ :
cuernos /_____ :
espejo / _____ :

2. Afectivas: muestran los sentimientos y emociones a partir de
elementos del mundo externo: una casa que tiene cerradas ventanas y puertas puede ser una imagen de la soledad; el disfrute
de escribir un poema se expresa a través de un río; un árbol sin
follaje simboliza la tristeza; la alegría es un columpio en un jardín, como en este poema de Gerardo Diego:

COLUMPIO[152]

A caballo en el quicio del mundo
un soñador jugaba al sí y al no

Las lluvias de colores
emigraban al país de los amores

Bandadas de flores

Flores de sí
Flores de no

Cuchillos en el aire
que le rasgan las carnes
forman un puente

Sí
No
Cabalgaba el soñador
Pájaros arlequines

---

[152] http://www.poemas-del-alma.com/gerardo-diego-columpio.html

cantan el sí
cantan el no

Escribe y saca a flote tu estado de ánimo, alguna emoción o sentimiento que se presenta reiteradamente en ti a través de un objeto, un animal, una planta, que servirán como pretexto para mostrar tu mundo interior, por ejemplo, una puerta cerrada y una puerta abierta.

Hay una tercera forma de utilizar las metáforas (a las que se les conoce también con los nombres de lenguaje figurado, lenguaje connotativo e imágenes poéticas) y consiste en tomar dos elementos de la realidad e intercambiar las características de uno y otro. Esto es lo que hace Alberto Forcada en su poema dedicado a su abuela, en donde los dos elementos que se entretejen son abuela y árbol:

COLUMPIO[153]

Mi abuela era un árbol
cuya memoria se agitaba con el viento.
En las tardes me encantaba
columpiarme en sus brazos
y ver las cosas
desde la increíble altura de su infancia…

¿Y si escribes un poema dedicado a algún familiar o alguna otra persona por la que sientas afecto y mezclas las características de dos elementos? Por ejemplo: madre/lluvia, padre/casa, abuelo/río.

Si observas un poco, casi todos las artes usan materiales que tienen forma, color, peso, olor, sonido, llámese pintura, escultura o música. La poesía, por el contrario, emplea una sustancia (valga la idea: sin sustancia) que no tiene las características anteriores, pero sí posee significado —la palabra—.

A la metáfora corresponde dar peso, color, olor y textura a las palabras a través del lenguaje figurado, para que así puedan ser captadas por los sentidos de la vista, el gusto, el olfato, el oído y el tacto.

En un poema de Charles Simic los sentidos disfrutan con el juego de los significados que se enmascaran:

---

[153] Forcada, Alberto. *Columpios*, Fondo de Cultura Económica, 2007.

Pulgar, diente flojo de un caballo.[154]
Gallo para sus gallinas.
Cuerno de un diablo. Gordo gusano
que han atado a mi carne
en la hora de mi nacimiento (…)

Si juegas con los dedos de tus manos puedes formar figuras con ellos y escribir metáforas:

En la sarteneja[155]
bebe don conejo,
mueve sus orejas
del trapo más viejo.
Mordisquea el villano
coles y lechugas;
viene el hortelano:
¡Date ya a la fuga!

Otro ejemplo:

Estas manos que te muestro[156]
son fauces de cocodrilo
que arrastrándose vinieron
de las orillas del Nilo.

Estas manos pueden ser
dos cuellilargas jirafas,
y si no nos puedes ver
quizá necesites gafas…

Generalmente las metáforas acercan dos elementos de la realidad que tienen algunas semejanzas. Lo ejemplifico a partir de estos poemas breves que escribí para una gatita de nombre Timbuke, a la que le gusta jugar con una bola de estambre:

[154] http://www.rasabadu.blogspot.mx/2006_11_19_rasabadu_archive.html
[155] Suárez Caamal, Ramón Iván: *Poemas para los más pequeños*, ed. cit., p. 10.
[156] Ibídem, pp. 10-11.

Este gato juguetón[157]
cree que la bola de estambre
tiene cola de ratón.

Gato con hambre,
¡qué largo fideo
tu bola de estambre!

Si lo acaricio,
el gato ronronea
hecho un ovillo.

Si ensayamos procedimientos para aprender el uso metafórico de las palabras, creo que el más fácil consiste en sustituir una palabra por otra en la oración, si las ponemos en el contexto que no les corresponde por el significado que les da del diccionario. Para ello, ayudémonos con la sintaxis, esa parte de la gramática que estudia la función de las palabras dentro de la frase:

En función de modificador indirecto: con el empleo de las preposiciones *de, sin, con*, principalmente.

En el interior **de** la casa de la primavera,[158]
alegras a las gentes.

Netzahualcóyotl

Observa el siguiente verso:

Vivo en una casa de madera
que está en lo más alto de un cerro…

Si sustituimos algunos vocablos quedaría así:

Vivo en una casa **de** *palabras*
que está en lo más alto **de** mis *emociones*…

O bien:

---

[157] Suárez Caamal, Ramón Iván. *Pregúntale al sol y te dirá la luna*. Universidad de Castilla-La Mancha, 2015. Col. Luna de aire. p. 37.

[158] http://www.los-poetas.com/netz1.htm

Vivo en una casa **de** *imágenes*
que está en lo más profundo **de** *la mirada*…

Cambia algunas palabras por otras para crear metáforas. Inventa otras nuevas.

Hoy corté una flor en el jardín de mi casa.
………………………………………………………………………………………………………

Es una noche llena de estrellas.
………………………………………………………………………………………………………

Los pájaros del huerto cantan sin pausa alguna.
………………………………………………………………………………………………………

La luna de enero se refleja en el agua oscura.
………………………………………………………………………………………………………

En función de aposición: el sustantivo o nombre se escribe con varias palabras.

Barrilete:[159]
alta **flor** de las nubes.
bandera de fiesta
que se escapa volando.
Pececillo del aire
obstinado en el salto.
Pájaro que se enreda
en su cola de trapo.
Luna de mediodía
con cara de payaso…

Fragmento de un poema de *Claudia Lars*

Aquiles Nazoa,[160] en su poema "Buen día, tortuguita", nombra a este quelonio de diversos modos:

---

[159] http://www.poemasyamor.org/poema-barrilete-Claudia-Lars/#.VL3O_8a6D7s; https://www.youtube.com/watch?v=0d8nYMaYOIE

[160] https://www.youtube.com/watch?v=zRG3zPqeQl8

Buen día, tortuguita,
periquito del agua,
abuelita del agua,
payasito del agua,
borrachito del agua,
filósofo del agua…

A quiénes se refieren los poetas con estas metáforas por aposición.
Escribe en las líneas las respuestas.

_____ rosada flor del mar.
_____ rubia hechicera de la miel.
_____ tierna hermana del farol.
_____ flor del aire.
_____ arcoíris que parpadea.
_____ negro y cerrado paraguas de las cuevas.

(mariposa, luna, murciélago, caracol, luciérnaga, abeja, colibrí.)

¿Cómo podrías nombrar metafóricamente a la lluvia, a la tortuga,
al gallo, a una jirafa, a las nubes y a otros animales, plantas y objetos?

En función de predicativo: se construye al conjugarse el verbo SER
que relaciona los dos elementos de la realidad y crea uno nuevo.

La gotera es una niña de cristal…
Carlos Luis Sáenz

El sol es un tigre
de luz en la calle…
Alberto Blanco
La espuma es la risa de la ola…
Níger Madrigal

ESTUDIO[161]

Esta fuente no es más que el varillaje
de la sombrilla

---

[161] http://campodemaniobras.blogspot.mx/2009/03/esta-fuente-no-es-mas-que-el-varillaje.html

que hizo andrajos el viento.
Estas flores no son más que un poco de agua
llena de confeti.
Estas palomas son pedazos de papel
en el que no escribí hace poco tiempo.
Esa nube es mi camisa
que se llevó el viento.
Esa ventana es un agujero
discreto o indiscreto.
¿El viento? Acaba de pasar un tren
con demasiados pasajeros...
Este cielo ya no le importa a nadie;
esa piedra es su equipaje. Lléveselo.
Nadie sabe dónde estoy
ni por qué han llegado así
las asonancias y los versos.

Carlos Pellicer

Crea tus metáforas por predicativo. Completa las siguientes y haz otras nuevas:

Un barco de papel es..
Las naranjas son ....
Las estrellas son ....
Las palabras son ....
El reloj es..
El viento es ....
Mi alegría es ....
La amistad es ....

En función de verbo metaforizador: las acciones crean el sentido figurado, muchas veces por el recurso del animismo que dota a los objetos, animales, plantas y fenómenos de la naturaleza de alma o cualidades humanas.

Y cuando los sapos / se desvistan de su piedra...

Humberto Ak' abal

Duerme en los relojes / prisionero el tiempo...

Mercedes Calvo

La Señora Luna
le pidió al naranjo
un vestido verde
y un velillo blanco.
> *Juana de Ibarbourou*

El sol es un caramelo...
¡Cómetelo, nubarrón!
> *Pedro Mañas*

LA JIRAFA

Su largo cuello estira,
las estrellas
le hacen cosquillas.
> *Martha Madrigal*

Imagina que el personaje de tu poema es un árbol, un violín, la luna y el sol, la lluvia, una tortuga, una o dos piedras, unas tijeras u otros. Dótalos de sentimientos y escribe tu texto en el que emplees verbos metaforizadores. Sirva de nuevo ejemplo, este de Níger Madrigal:

—¡Un beso para sus labios!,
ofreció el colibrí a la flor.
Y la flor le contestó:
A otra con ese cuento,
usted quiere mi corazón.

O este otro de Octavio Paz que le adjudica características humanas al tiempo:

El día abre la mano.
Tres nubes
y estas pocas palabras.

Un modo más directo de entrar al texto metafórico e imaginativo se logra con este ejercicio. Inventa definiciones falsas:

Libélula: Instrumento musical de cuatro cuerdas que tienen la consistencia del vidrio. Es alargado y del tamaño de una calabacita italiana. Se usa para composiciones musicales breves y casi aéreas.

Trombón: Invertebrado de la familia de los moluscos muy semejante a un caracol. Lo distingue su color oro que relumbra en los días soleados. En apariencia no emite ningún sonido para comunicarse con los de su especie, pero algunos científicos afirman haber medido sonidos debajo de la escala del oído humano.

Escribe un poema a partir de lo asentado en la definición:

ART DECÓ[162]

UNO
Cerciórese de que sus dedos
—los suyos—
tengan alas
y comience a afinar las cuatro cuerdas
hasta que suenen como una fina copa de Murano.

DOS
Tome cuidadosamente la libélula en la palma de la mano
y, después, roce con las alas de sus dedos
las cuatro aladas cuerdas de cristal.
Sujete fuerte este instrumento, pero con delicadeza.
Se sabe de alguno que escapó del concertista
y hasta ahora no ha aparecido
—la libélula—
no el concertista.

TRES
Para saber tocar a la libélula
hay que practicar en un bosque
—en un jardín al menos—
y cerca de un lago o una fuente.
Parece que el ambiente silvestre
y el alegre sonido del agua
comunican al instrumento un impulso único.

CUATRO
El solfeo previo no es imprescindible
Un sol bonito, en cambio, ayuda.

---

[162] Suárez Caamal, Ramón. *En una bicicleta*, ed. cit., pp. 48-50.

Consígase una hoja tierna
—el pétalo de una rosa es más efectivo—
e intente con esa ala única
tocar en verde y en rojo,
en azul y en amarillo
hasta alcanzar las siete tonalidades del arcoíris.

CINCO
Está casi listo.
Pero no se confíe pues corre un rumor
—cierto o falso—
de que la libélula se convierte en dragón,
en caballito del diablo...
¡Y pobre del jinete que no sea diestro
y lo suficientemente siniestro

para cabalgar a lomo de la tempestad!
Así que nunca se está listo por completo.

SEIS
El aprendizaje ha terminado.
Puede guardar a la libélula
en el estuche decorado bellamente por la luz
de un loto arrancado en plenilunio.
Solo debe pulsar de nuevo sus cuatro cuerdas
cuando sienta que igual número de lágrimas
ruedan por sus ojos. Entonces es hora
de que sus sentimientos fluyan con libertad
mientras el canto de los árboles
y el sonido del agua le hacen compañía.

Un novedoso camino para crear metáforas es el que usa Andrés Acosta al relacionar varios de los elementos del mundo real con el mundo de los aparecidos. Leamos estas greguerías:

1
Zigzaguea el relámpago.[163]
Es un fantasma
que lleva mucha prisa.

---

[163] Acosta, Andrés. *El libro de los fantasmas*, Gobierno del estado de México, 2014, pp. 27 y 51.

2
El eco:
espejo
sonoro

Con el mismo procedimiento, desarrolla pequeños poemas con el tema del circo.

EL MAL MAGO[164]

Cuando me porto mal,
si papá me regaña,
desaparece mi sonrisa.

DOMADOR[165]

No crean que es fácil esto:
Hoy meteré la cabeza
en las fauces de mis miedos.

El poeta utiliza palabras para crear sus versos y estas tienen significado, pero carecen de materia: no tienen textura, peso, color, olor, sabor. La metáfora es el camino para que adquieran cuerpo y la imaginación se encarga de este papel. Por medio de la metáfora las palabras recobran su brillo desgastado por el uso diario. Es con ellas como inventamos de nuevo el mundo.

Es importante, sin embargo, no recargar el texto con metáforas, pues se corre el riesgo de convertirlo en un simple juego pirotécnico. Así, convendría tal vez centrarse en una sola que sirva de camino en el desarrollo del poema. Eso sí, hay que seguir el consejo de la poeta Emily Dickinson:

Yo habito la casa de la posibilidad.
Ella tiene más puertas y ventanas
que la casa de la razón.

---

[164] Suárez Caamal, Ramón Iván. *El circo de don Ramón*. Editorial Nave de Papel y Ediciones insoportables, 2019. p. 21.

[165] *Ibidem*. p. 37.

Podemos concluir que las metáforas se clasifican en sensoriales y afectivas. Las primeras son aprehendidas por medio de los sentidos. El poeta interioriza el mundo, contempla la realidad externa y la da a conocer desde su particular visión.

En las segundas, el mundo interno se expresa a través de la realidad externa. Los particulares estados anímicos del escritor son mostrados por medio de seres y objetos en sin igual ordenamiento metafórico.

En las afectivas, el objeto, animal, planta o paisaje que dan cuerpo al mundo interior del poeta son solo un pretexto y un punto de partida en el desarrollo textual. Digamos que hay una sola metáfora que abarca todo el poema.

Michael Hamburger, citando a Philippe Jaccottet (*La verdad de la poesía*, editorial F.C.E., México, 1991), asienta que las imágenes se dividen en "necesarias" y "ornamentales". Las metáforas necesarias son aquellas que "surgen de intensos encuentros con fenómenos visibles, con el aire y la luz que los rodean, con paisajes internos expresados (…) minuciosa y amorosamente".

Sirva de muestra el poema siguiente en donde una cebolla funciona como la metáfora total de un niño que expresa sus dudas y temores frente a la vida.

UNA CEBOLLA[166]

Tuve en mi mano izquierda una cebolla.
La desollé capa tras capa
en busca del niño que habita en su centro.
Los días sucesivos me miraron en su esfera mágica.
Con un cuchillo desprendí las yemas de mis dedos.
Duele.
Debo confesar que no lloré.
No es necesario trizarla
para que el niño deje su refugio
y diga:
¡Estoy aquí!,
ángel libélula,
caballito del diablo con espejos rotos

---

[166] Suárez Caamal, Ramón Iván. *Historias del niño invisible*, ed. cit., pp. 24-25.

para el cuello de las flores.
Me disfrazo con el turbante de la cebolla
a la que arranqué sus vendas
para que salgan los monstruos que burlan mi vigilia.
¿Cómo se llama aquél de labios perversos
en la melaza asfixiante de su halago?
Con saliva pego sus plumas ácidas a mis hombros
y los despliego para llegar al Sol
si es que la gravedad no me hace caer en el aceite.
En la cocina hay calma,
los cuchillos no son los del verdugo,
alguien deshoja por mí sus oraciones.
¿Es transparente una cebolla cuando la mira un niño?
No lloré ese día por los demás pétalos del Diluvio
y estoy aquí
              arrancando mis costras
para que sangren de nuevo las heridas
y sanen
en busca de otra piel
              para mi niño invisible.

Tú igualmente podrías escribir un poema en el que muestres el mundo interior de un niño, sus emociones, sus anhelos, su vida a través de un objeto, un animal, un río, una casa.

LECCIÓN 16

HAIKÚ: EL UNIVERSO EN UNA GOTA DE ROCÍO

¿Qué es el haikú? Según Bashô —uno de sus más asiduos cultivadores—, "Haikú es lo que sucede aquí y ahora." También decía: "Aprende de los pinos, aprende de los bambúes."

Aprender quiere decir unirse a las cosas y sentirlas como si uno estuviera en ellas. Diecisiete sílabas forman el haikú, distribuidas en tres versos de 5-7-5 sílabas, aunque no necesariamente se siga tal medida:

> Un relámpago
> y el grito de la garza,
> hondo en lo oscuro.
>
> *Basho*

> Admirable
> aquel que ante el relámpago
> no dice: la vida huye.
>
> *Basho*

Para comenzar, expón todo lo que te sugieren los dos poemas pero no aparece escrito.

El haikú posee la magia de la síntesis, el poder de la concreción, decir mucho en poco.

Lee entre líneas, capta lo que ocultan las palabras, lo que a ti te dicen y cómo te conmueven.

Imagina que en una gota de rocío cabe la inmensidad del universo. Que en los ojos de un gato puedes ver el tiempo que pasa. Que hay una puerta que da a todos los sitios posibles al mismo tiempo. O un espejo que te muestra el presente, el pasado y el futuro. Eso es el haikú. Observa el siguiente:

Si la libélula
tropezara en mis manos:
sol, tierra y cárcel.

Ángel Ketz Chan

Hay aquí una riqueza sugestiva propia de los que sueñan despiertos: el sol es el brillo de las alas de la libélula; la cárcel, las manos que la atrapan; la tierra, el color de esas manos. Y la libélula pudiera ser la poesía que las manos persiguen vanamente. Pueden haber otras interpretaciones. ¿Cuál es la tuya?

José Juan Tablada[167] trajo a México estas miniaturas. Su espíritu inquieto capturó muchas de estas instantáneas:

Por nada los gansos
tocan alarma
en sus trompetas de barro.

Aunque jamás se muda,
a tumbos, como carro de mudanzas,
va por la senda, la tortuga.

Tablada da mayor importancia a la captura del momento y a la imagen poética que al número de las sílabas. Fue Mastsuo Basho quien elevó este género poético a su mayor altura, aunque hubo otros cultivadores no menos notables: Sokan, Buson, Issa, Shiki.

Matsuo Bonefusa adoptó el seudónimo de Basho porque sus discípulos lo llamaron con el nombre de un árbol muy apreciado en Japón. Y bajo sus ramas atendieron sus lecciones de amor a la naturaleza. Los puedo imaginar caminando por el bosque detrás de su maestro o sentados en torno a él. De improviso una libélula se posa en un gajo, el más despierto de sus alumnos exclama:

Exenta de alas
esa roja libélula
sería gajo.

A lo que el maestro responde: "¡No! ¡No!", y corrige:

---

[167] Tablada, Juan José. *El arca de Noé*, Consejo Nacional para la Cultura y las Artes, 1998.

Si un par de alas
brotaran a ese gajo
sería libélula.

Octavio Paz,[168] Premio Nobel de Literatura, al comentar esta forma
poética breve, afirma:

> Desde un punto de vista puramente retórico el haikú se divide en dos
> partes, separadas por una palabra cuchillo: kireji. Una da la condición
> general y la ubicación temporal y espacial del poema (otoño o prima-
> vera, mediodía o atardecer, un árbol o una roca, la luna, un ruiseñor);
> la otra, relampagueante, debe contener un elemento activo. Una es des-
> criptiva y casi enunciativa; la otra, inesperada (...). El haikú se convierte
> en anotación rápida, verdadera recreación de un momento privilegiado:
> exclamación poética, caligrafía...

Ejemplifico:

Elemento descriptivo o enunciativo:	Bosque adentro: se escuchan hachas de leñadores,
Elemento activo o inesperado	pájaros carpinteros.

Buson

El haikú, comenta Octavio Paz, se transforma y se convierte en ano-
tación rápida, verdadera recreación en un momento privilegiado, exclamación poética, caligrafía, pintura y escuela de meditación, todo junto.

Mi casa en ruinas
solo tiene por techo
la enredadera.

Issa

Ese mendigo
con el cielo y la tierra
tejió un vestido.

Kikaku

---

[168] Martínez, José Luis. *China/Japón. El mundo antiguo*, SEP Cultura, 1984, p. 240.

A veces el haikú describe lo que el título anuncia:

CARACOL[169]

Se enrolla el caracol:
¿será la cuerda
de mi reloj de sol?

Juan Porras Sánchez

ALACRÁN[170]

Sale de un rincón
en medio de un paréntesis
y una interrogación.

Carlos Gutiérrez Cruz

Otras veces se construye sobre dos ideas contrarias:

Si baja al fondo,
sabe que sube el buzo
a cielos hondos.

¿Por qué resoplas?
Soy yo quien tiene frío,
dragón-tetera.

Ramón Iván Suárez Caamal

El regalo del haikú a nuestras vidas consiste en detener nuestra vertiginosa carrera para poder contemplar una flor que aroma la orilla de un estanque, armarnos de saludable paciencia para recorrer con los ojos del alma los hilos de la telaraña que se irisa con el sol mañanero, degustar la gota de miel de sus tres renglones. Qué remanso para nuestro vivir acelerado este prodigio de orfebrería verbal que nos legó Japón.

---

[169] Hadman, Ty. *Breve historia y antología del haikú en la lírica mexicana,* Editorial el domés s.a., 1987, p. 54.

[170] Ibídem, p. 33.

Escribir haikú apacigua. Para crearlos hay que ejercitar una aguda observación, paciencia y amor por plantas, animales y paisaje. La
simplicidad rinde los mejores frutos; la metáfora debe emplearse mo-
deradamente.

En el momento en que escribía estas consideraciones bajó una mosca a la página llena de tachaduras, flechas, enmiendas y asertos. La
mosca es un haikú viviente, ubicua criatura de la muerte y de la vida.
Recordé uno de la escritora mexicana Gabriela Rábago Palafox:

Caligrafía[171]
camino de la mosca
sobre la tinta.

Y encontré uno más de Shiki:

¿Venís a picar
mis ojos aún con vida?
¡Moscas, callad!

Se me ocurren algunos ejercicios para iniciarse en la escritura de
estos colibríes verbales:

Imagina que sabes hablar y escribir en japonés. Inventa algunos
haikús en ese idioma, como los que están escritos a la izquierda de la
hoja. De lo que se trata es de dominar el manejo de la métrica y el ritmo: 5/7/5. Por ejemplo:

hi / no / hikari[172]
kesa / ya / iwashino
kashira / yori
Buson

kono / michi / wa[173]
yuku / hito / nashi / ni
aki / no / kure
Basho

---

[171] Ibídem, p. 72.

[172] Toda la luz del día / brilla en la trompa / de las sardinas.

[173] Este camino / ya nadie lo recorre, / salvo el crepúsculo.

Oshi / no / ha / ni[174]
Usu / yuki / tsumoru
Shizukesa / yo

Shiki

Ahora traduce, claro, con tu imaginación, los textos que creaste.
Termina los haikús siguientes con ayuda de las palabras que se te
proporcionan:

Invasión de _____ ;
Un río en llamas,
Noche flotante.

Chiyoni

_____ visita
con armas iguales
a la rosa.

Arturo González Cosío

Trozos de barro,
por la senda en penumbra
saltan _____.

José Juan Tablada

Fruto maduro
de la fronda más alta

_____.

Efraín Bartolomé

Cayó del cielo
_____: peces de luz
por todo el río.

Álvaro Álvarez Delgado

_____, señora
que remienda en el campo
el traje de los bueyes.

Luis E. González Hernández

---

[174] En las plumas del pato / cae tenue la nieve: / serenidad.

Labor del _____:
con hachazos de luz
partir la noche.

Jorge Hernández Utrera

(la guacamaya / las hormigas / el sol / luciérnagas / la luna / faro / garza / los sapos/ la abeja)

Sal a caminar e intenta escribir. Recuerda lo que leíste. Observa la naturaleza y di algo de ella. Te proporciono algunos inicios, inventa otros:

Hay tanto frío…
Es la llovizna…
Jaula vacía…
Besar la luna…
Todo lo quiero…

Fíjate en estos haikús que hice del mundo infantil:

PAPALOTE

A mi cometa
—pájaro de papel—
le até una pata.

LIBÉLULA

Con un alambre
fabriqué (y cuatro lágrimas)
esta libélula.

Un camino al haikú es plantear la simultaneidad de elementos lejanos, que lo que suceda en el cielo pase en la tierra, como cuando el poeta Masaoka Shiki escribe:

Horas largas, nocturnas.
Y un mono que planea
echar mano a la luna.

Ó cuando Matsuo Basho exclama:

> La luna de la montaña
> ilumina también
> a los ladrones de flores.

También emplea el *adosamiento de realidades contrastantes*, cuando junto a una realidad se coloca otra que le es contraria. Yosa Buson lo expresa en estos dos textos:

> Blanco rocío.
> Cada púa en la zarza
> tiene una gota.

> Dos velas arden.
> Una enciende a la otra.
> Arde el ocaso.

El haikú es una práctica lúdica de la escritura y una nueva mirada sobre lo que nos rodea, llena de ironía y compasión. Kobayasi Issa lo dice de este modo:

> No aplastes a esa mosca.
> ¡Mira cómo levanta
> sus manos hacia ti!

En los siguientes haikús, indica si se usa la simultaneidad, el adosamiento o ambos. Explica por qué:

> Un hombre,
> una mosca
> y una enorme habitación.
> *Issa*

> Los grillos cantan.
> ¿Quién podrá sospechar
> que a su muerte le cantan?
> *Basho*

Vuela una trucha.
En el lecho del río
nadan las nubes.

Chitsura

Cañas del patio
en el espejo
de mi tazón de caldo.

Raiza

Este mundo de rocío,
mundo sin duda de rocío,
aunque siendo rocío…

Issa

La luminosidad del agua
que recojo y alzo
hacia la luna.

Santôkan

Río abajo, alguien
tira una red. Cielo arriba
la luna se empaña.

Taigi

En el Japón antiguo, los creadores de haikús muchas veces solían acompañarlos de pinturas a la acuarela que se integraban al texto. Estas pinturas recibieron el nombre de Haigas. ¿Y si ilustras algunos de los poemas que leíste?

En 1990 la línea aérea japonesa Japan Arilines[175] convocó a los niños de todo el mundo a un concurso de haikús. Como resultado, publicó los mejores poemas de los participantes en un libro titulado "Haiku by the children". Los criterios de selección fueron la inocencia de la visión infantil, la emoción, el contraste y la belleza cuando lograban captar un momento fugitivo pero eterno en los tres versos de esta composición poética. Transcribo algunos, entre los que incluyo a niños quintanarroenses que obtuvieron mención honorífica:

---

[175] Haiku by the children '90, Published by JAL Foundation, 1991.

Lanzo un hechizo:
la flor del pensamiento
es mariposa.

Satoshi Watanabe / 9 años / Japón

Derrama lava
el pequeño volcán
de las hormigas.

William E,. Ávila Pérez / 13 años / México

La telaraña
es el hilo de plata
que teje el viento.

Carlos Tun Ruiz / 11 años / México

El caracol
con su música azul
arrastra el mar.

Omar Suárez Mcliberty / 8 años / México

Llueve y hay frío.
Me tapo con la noche
y tengo miedo.

Guadalupe Fuentes Allen / 12 años / México

Escribe tus haikús. Toma en cuenta todo lo que leíste.

LECCIÓN 17

TU PALABRA, UNA VARITA MÁGICA

NUEVO MUNDO[176]

Vistos cabeza abajo, los árboles vuelan,
los coches flotan y los edificios cuelgan.
Algunas veces da gusto ver
el mundo vuelto del revés.

Shel Silverstein

El mundo de los animales y de los objetos constituye un amplio e interesante material en la poesía que se escribe para los niños. Quién no recuerda sus primeros años cuando tenía una mascota a la que amaba, las visitas al zoológico en compañía de sus padres o las incursiones al campo, al monte o al patio de su casa para descubrir y observar a las iguanas y los pájaros o sus juguetes y objetos que tuvo cercanos en su infancia. Así que esta es una temática que les interesa. Hay tres formas de acercarse poéticamente a los animales y escribir sobre ellos:

1. Observarlo y describirlos, muchas veces con el empleo metafórico del lenguaje.
2. Usar la imaginación y escribir el texto desde la perspectiva del animal, como si él fuera el autor de lo que se dice.
3. Convertir al animal en personaje de alguna historia en verso y ponerlo en acción.

¡Que empiece el desfile! Apliquemos el primer procedimiento: descripción basada en las principales características del animal. La imaginación nos permite ver una fauna increíble. Los animales pasean en los versos con trajes de carnaval. La metáfora los disfraza de mil modos.

---

[176] http://www.bienvenidosalafiesta.com/index.php?mod=Indices&acc=VerFicha&autId=00000008F3

LALA LA LAGARTIJA[177]

Se adueñó de mi cuarto
Lala la lagartija
que no es hoja ni hija
de lagarta y lagarto.

La lagartija Lala,
—lista como ella sola—
de larga, larga cola,
curiosa el mundo escala.
Su lecho cualquier nicho.
Impávida en el techo
la Lala está al asecho
de apetitoso bicho.

Hum, ham, hum, ham: ¡qué rico!
Porque los besos clona
la llaman Besucona:
plop, plap, plop, plap su hocico.

¡Uy, que te come el gato!
¡Ay, que le das tu cola!
¡Uy, huye del zapato!
¡Ay, haya batahola!

Que me escapo, me escapo
en toda la semana.
Sana, colita, sana.
Sana cola de trapo.

Cuando leas un poema usa tus sentidos: qué ves, qué olores percibes, qué sonidos escuchas, qué sabores gustas, qué texturas tocas. Emplea tu imaginación y tu fantasía; acude a tus emociones: qué estado de ánimo te produce la lectura. Observa la descripción de los búhos, que hace Alberto Blanco en este fragmento de su poema.

---

[177] Suárez Caamal, Ramón Iván. Zigzag Zoo. Secretaría de Cultura y Editorial Font, 2818. pp. 40-41.

Se esconden en el humo de las pipas.[178]
Se alimentan de malentendidos
y estrellas de neón.
En la oscuridad se pueden confundir
lo mismo con esas cenizas
que con sus sombras.
Con los faros gemelos de sus ojos
recorren parsimoniosamente
las aguas de la noche.

El texto inicia mostrando con un lenguaje directo los lugares donde estas aves se esconden. Posteriormente, anota el primer rasgo imaginativo al externar que se esconde en el humo de las pipas (¿cuál será la razón de tal afirmación?) y su peculiar alimentación. Luego menciona los colores de su plumaje y su carácter mimético para saltar a una extraordinaria metáfora que describe sus grandes ojos y el movimiento giratorio de su cabeza. Finaliza con tres acciones y tres elementos de la naturaleza que muestran lo nocturno de estas aves.

Lee este breve poema de Mirta Aguirre en el que describe a un elefante. ¿Qué rasgos del animal destaca?

DUDA[179]

Tanto esplendor por delante
y por detrás tan menguado…

La trompa del elefante,
¿no será un rabo mal colocado?

Leamos otros poemas para comentarlos.

ORNITORRINCO[180]

Raro rompecabezas,
genial galimatías,
admiro sus sorpresas,
su extraña poesía.

---

[178] Olmos, Gabriela. *Zoología poética*, Artes de México, 2007, p. 28.

[179] Aguirre, Mirta. *Juegos y otros poemas*, ed. cit., p. 45.

[180] Suárez Caamal, Ramón Iván. *Pregúntale al sol y te dirá la luna*, ed. cit., p. 39.

Ignoro cómo pudo
hacerse de este modo.
¿Fue con papel y engrudo,
alfileres y lodo?
Dios con especial arte
tomó diversas partes
(las partes no son todo)
para lograr su fin
sin cometer erratas:
de la nutria, las patas;
púas del puercoespín;
de algún castor la cola
lisa como una estola,
mas el pico de un pato
y creó el garabato
que a todos nos cautiva
cuando forjó el retrato
de esta fábula viva.

Inventa versos en los que, con metáforas, describas a los animales. Por ejemplo: una fila de hormigas, una araña en su tela, un gato que duerme, pájaros en los cables de la calle, un cachorro de perro, un conejo en su jaula, monos en el zoológico o la fauna que tú quieras.

Vamos ahora al segundo procedimiento en donde el animal se muestra a sí mismo, habla y expone sus puntos de vista. Lee este primer texto:

DIGO YO COMO VACA[181]

Si hubiera nacido vaca estaría contenta. Tendría un alma apacible y cuadrúpeda y unos ojos soñolientos. Dos rosas cabalgarían en mis flancos, orgullo de mi estampa bermeja. Mi cola, entretejida con papel de china, espantaría las moscas que retozaran en mi lomo como sobre un puesto de fruta. (...) Con la mente hueca viviré sin culpa, alerta solo al toque de las seis campanas que dispersan el repique de su voz sobre el sembradío. (...) Pero yo siempre estaría inmóvil, solemne, ídolo de siesta infinita, mientras mis mandíbulas rumiaran suavemente la eternidad de la tarde.

---

[181] Dueñas, Guadalupe. *Tiene la noche un árbol*, Fondo de Cultura Económica,1985, p. 92.

Lee el segundo texto que pertenece a la tradición oral de los pueblos indígenas de México:

CONJURO LACANDÓN PARA CONVENCER A UN TIGRE QUE SE VAYA A DORMIR[182]

Cada vez que levanto mi pie,
cada vez que levanto mi mano,
muevo la cola.
Escucho tu voz venir de muy lejos.
Casi estoy dormido:
busco un árbol caído,
voy a dormir en el árbol caído.
Mi piel, mi pie, mi mano,
mis oídos están rayados.

También lee este del poeta maya Humberto Ak'abal quien retoma la tradición indígena y escribe:

JAGUAR[183]

Otras veces soy jaguar,
corro por barrancos,
salto sobre peñascos,
trepo montañas.
Miro más allá del cielo,
más allá del agua,
más allá de la tierra.
Platico con el sol,
juego con la luna,
arranco estrellas
y las pego a mi cuerpo.
Mientras muevo la cola,
me echo sobre el pasto
con la lengua de fuera.

---

[182] https://motivosdelamarea.wordpress.com/2011/04/20/conjuro-lacandon-para-convencer-a-un-trigre-que-se-vaya-a-dormir/

[183] http://www.poesiabogota.org/?p=2384

Y este otro de William Blake, en donde el ser humano (el poeta) le habla a una mosca y termina convirtiéndose en ella:

LA MOSCA[184]

Pequeña mosca,
tus juegos veraniegos
mi atolondrada mano
se ha llevado.

¿No soy yo
una mosca como tú?
¿No eres tú
un hombre como yo?

Pues bailo
y bebo y canto
hasta que alguna mano ciega
se lleve mi ala.

Si el pensamiento es vida
y fuerza y aliento
y carecer
de pensamiento es muerte
soy
una mosca feliz
así viva
o muera.

Entre las creencias mágicas de muchos pueblos está la del tótem o animal protector. Hace algunos años descubrí que el mío es el tordo.

En una ocasión, cuando caminaba por la calle, vi en el pavimento la sombra de unas alas encima de mi propia sombra. Me siguió por largo tiempo y luego bajó y pasó rozando mi cabeza. Asombrado y con cierto temor, observé que era un tordo. Escribí lo que el tordo me decía mientras recordaba vivencias infantiles:

---

[184] http://www.sinek.es/Lit/WilliamBlake.html

Una tribu de tordos[185]
quiere que los acompañe
a brincar en zancos.
Me dieron la noche de sus plumas,
las tijeras de sus picos,
el nerviosismo de sus ojos de oro.

Una turba de tordos baila,
yo con ellos.
En una ronda oscura
jugamos a los apaches.
¡Pobre del que caiga!
Lo desollaremos.

¿Cuál es tu tótem? Cierra los ojos, respira con suavidad y profundamente, permite que pasen frente a ti diversos animales. Uno de ellos es tu protector. Obsérvalo, deja que se acerque. Compenétrate con él, sé él, piensa y actúa como él, mira lo que él mira. Deja que hable. Escúchalo. Respira con suavidad, abre los ojos lentamente. Dibújalo y escribe lo que te dijo.

Finalmente, pasemos a la tercera estrategia: los animales se humanizan y son personajes de historias en verso:

EL LAGARTO ESTÁ LLORANDO[186]

El lagarto está llorando.
La lagarta está llorando.
El lagarto y la lagarta
con delantalitos blancos.
Han perdido sin querer
su anillo de desposados.
¡Ay, su anillito de plomo,
ay, su anillito plomado!
Un cielo grande y sin gente
monta en su globo a los pájaros.

---

[185] Suárez Caamal, Ramón Iván. *Tris tras el miedo*, Ed. Nave de Papel y H. Ayuntamiento de Calkiní, Campeche, 2015, p. 20.
[186] 12 poemas de Federico García Lorca, *Selección poética de Manuela Rodríguez y Antonio Rubio*, Kalandraka, 2015, p. 11.

El sol, capitán redondo,
lleva un chaleco de raso.
¡Miradlos qué viejos son!
¡Qué viejos son los lagartos!
¡Ay cómo lloran y lloran.
¡ay! ¡ay!, cómo están llorando!

LOS GATOS LECTORES[187]

Doce gatos y uno bizco
¿serán trece o solo tres?
Trece vidas y un zapato
—¿cómo no lo puedes ver?—
en la esquina de la noche
se pusieron a leer
una historia de fantasmas:
les tiemblan colas y pies.
El minino más valiente,
con las gafas al revés,
les reclama ser miedosos
y no quiere más leer.
Otro gato, el más cegato,
toma el libro y va de nuez
esta historia de fantasmas,
¿serán siete? No lo sé.
Imagínense qué lío,
no lo quería creer,
siete fantasmas de un gato
asomaron de una vez:
siete cabezas sin cuerpo,
siete colas, patas cien,
un maullido que da miedo,
como pitido de tren.
Las nubes guardan la luna,
la noche negra cual pez
y tras el pez, el fantasma
pues se lo quiere comer.

---

[187] Suárez Caamal, Ramón Iván. *Te canto un cuento*, ed. cit., pp. 52-55.

Erizada la pelambre,
los gatos tiesos se ven,
¿Y si el fantasma se acerca?
¿Qué esperamos? ¡A correr!
¡Cuánta prisa y qué porrazos!,
mas no hay nada qué temer
pues los gatos siempre, siempre,
aunque giren caen de pie.
Los doce gatos y el otro
¿eran trece o solo tres?
en el libro se metieron.
No se les ha vuelto a ver.

¿Que tal si escoges tus personajes e inventas una historia con ellos? Miremos el mundo desde otras perspectivas:

a) Acuéstate en el piso y mira todo desde abajo, desde la perspectiva de una hormiga. Haz apuntes de lo que observaste.
b) Súbete a una silla, a una mesa o a una escalera y mira todo desde arriba, desde la perspectiva de un pájaro. Igualmente escribe detalles de tu observación.
c) Imagina que te cuelgas de cabeza de una rama y mira todo desde la perspectiva de un murciélago. ¿Qué observaste? Anótalo brevemente.

Los árboles, los objetos y, entre ellos, tus juguetes, también forman parte del material que se puede usar en la poesía, claro, transformados con los ojos de la imaginación.

Lee con atención los textos siguientes y observa cómo el escritor toma el lugar de un árbol y hasta de un objeto. Comenta y discute con tus compañeros de qué manera sucede esto.

CANCIÓN DEL NARANJO SECO[188]

Córtame la sombra, leñador
Líbrame del suplicio
de verme sin toronjas, leñador
¿Por qué nací entre espejos?

[188] http://www.poetasandaluces.com/poema.asp?idPoema=823

El día me da vueltas.
Y la noche me copia
en todas sus estrellas.
Quiero vivir sin verme, leñador,
quiero vivir.

Y hormigas y vilanos,
soñaré que son mis hojas,
mis hojas y mis pájaros.

Córtame la sombra,
leñador.

Federico García Lorca

PAPALOTE, PÁJARO DE PAPEL[189]

Me tienen envidia los gorriones.
Soy resplandor, soy humo.
Vuelo del nido de tus manos
al aire, al aire,
al viento, al viento
los brazos extendidos.

¿De qué frágil amor hice mis alas?
Pájaro de papel, al viento, al viento,
mientras doy volatines;
larga la cola en trenza
y la cruz de mi escudo
al aire, al aire el corazón de abril.
Vi tu paciencia cuando recortabas
el papel de China de mis plumas;
pusiste el arco y la flecha
de mis vértebras de coco y el olor a engrudo;
sentí el hilo y la aguja que cosían mi freno,
mi larguísima cola de papagayo en tu ventana.
Después corrías sin mirar atrás…

---

[189] Suárez Caamal, Ramón Iván. *Miro crecer el día*, libro inédito.

¡Suéltame, suéltame!
¡Jálame! ¡Jálame!
¡Déjame, déjame!
Gire el carrete porque el cielo es mío.

Por el hilo suben cartas
mientras cabeceo
en mi almohadón de nubes,
papeles de colores
que entregaré a los ángeles
para que les concedan
el pan de la sonrisa
y el canasto con peces
de los milagros cotidianos.

Así quiero estar.
Aquí quiero estar:
un punto apenas en el infinito.

Si me dibujas en tu cuaderno,
que sea sobre los cables y palabras
que aprendiste ayer
donde sonría el sol
puesto que soy un pájaro
que le teme a la lluvia.

No puedes olvidarme.
Ven conmigo
al aire, al aire;
al viento, al viento
los brazos extendidos.

Imagina que eres un trompo, unas tijeras, una aguja con su hilo, una camisa colgada en el tendedero, un lápiz, una escalera, un espantapájaros, una bicicleta —o lo que quieras ser—. Cierra los ojos y escucha lo que ese objeto (que eres tú también) te dicta. Dibújalo y escribe sus palabras.

LECCIÓN 18

POEMAS DESCRIPTIVOS Y EMOTIVIDAD

Tomas una hoja, tus lápices de colores y dibujas una casa, puede ser la tuya. Le pones un techo de tejas o de láminas, una puerta, dos ventanas, una barda pintada de amarillo. Dibujas un árbol lleno de frutas y, en el cielo azul, las nubes y el sol en todo su esplendor. También una bandada que cruza el firmamento.

Así dibujé la casa de mi niñez, pero lo hice con palabras y emociones: una casa que ya no tiene su antigua belleza, una casa cerrada donde no vive nadie.

SI DE RECORDAR SE TRATA[190]

Dibujo en mi cuaderno una casa de vidrio.
O de aire: una casa fantasma.
Papá, mamá, yo, mis dos hermanos, tíos,
en una ronda que nunca termina.
Si sopla el viento, nos quiebra por la cintura.
Mi casa tiene una puerta, dos ventanas,
techo de zinc donde brinca la lluvia.
Al esqueleto del árbol le falta una pelota;
la pintaré verde, llena de pájaros.
Y, más arriba, un sol naranja de naranjas.
De una chimenea que no existe
suben las letras manuscritas del humo,
caligrafía de mi cuaderno hasta las nubes.
También nosotros somos de vidrio.
O de aire. Transparentes como una lágrima.

Describir es dibujar con palabras, hacer una fotografía verbal: un paisaje, un edificio, un animal, un objeto, una persona. En los poemas se describen emociones, atmósferas, situaciones que inciden en

---

[190] Suárez Caamal, Ramón Iván. *Miro crecer el día*, libro inédito.

la emotividad. La descripción se basa en la observación mediante la cual se recogen datos de lo que se va a escribir, ya sea en su aspecto externo (formas, colores, texturas, etc.) o interiormente (impacto que lo observado provoca en los estados de ánimo del autor.)

Los rasgos observados toman forma a través de imágenes sensoriales expresadas por medio del lenguaje figurado u otros recursos poéticos que resulten atractivos para la infancia. Para describir, además de observar la realidad y sus detalles, se evoca y busca en los recuerdos aquello que mueve nuestras emociones y proyecta nuestra sensibilidad. Se pueden hacer descripciones de individuos y de personajes de los cuentos o con unas cuantas palabras se delinean paisajes en su hermosa sencillez.

EL HADA CASI NADA[191]

Las hadas no son nada,
una pizca de polvo,
quizá un encantamiento,
tal vez unas palabras.
Hada que casi nada
eres porque no eres,
aunque sé que las hadas,
igual que las libélulas,
viven en una lágrima.
El hada más hermosa:
una gota de nada,
un suspiro en un Diente
de León, una idea
que en un pétalo cabe,
casi una mariposa
que no estará ni estuvo,
tal vez un colibrí
que en el aire mantuvo
su magia poderosa.
Un hada, poca cosa
para los entendidos
en el arte pedestre

---

[191] Suárez Caamal, Ramón Iván. *Te canto un cuento*, ed. cit., pp. 18-21.

de usar las evidencias.
Hada de casi nada,
te miro en el espejo
del rocío, en el polen
que la abeja traslada.
Eso que suena ahora
en el bosque ¿son alas
con un poco de música?
Hada de casi nada,
¿caben doce luciérnagas
o trece en tu mirada?
Te pido tres deseos,
pregunto casi nada:
¿Qué lágrima es más propia
para vivir? ¿Qué puerta
jamás debe cerrarse?
¿Cuándo seremos brizna
que persiga y alcance
la poca cosa nuestra
que se ufana en negarte?
Hada de casi nada
que casi todo sabes,
concédenos la gracia
del polen y el rocío,
que nuestro corazón
habite en una casa
de casi nada y todo.
Y que todos los días
visite nuestro sueño
el hada casi nada
de nuestra fantasía.

PAISAJE MARINO[192]

Dos garzas:
una se iba,
la otra llegaba.

---

[192] Suárez Caamal, Ramón Iván. *En un árbol la canción*, Gobierno del estado de Campeche, 2012, p. 80.

Dos preguntas:
arriba, las nubes.
Debajo, la charca.

Dos garzas:
el silencio,
después, nada.

¿Y si escribes algún poema en el que describas un fantasma, una playa con niños, una fruta, el patio de tu casa, algún animal o paisaje que te llame la atención? Mira cómo inicia su poema Pablo Neruda:

ODA A LA CEBOLLA[193]

Cebolla
luminosa redoma,
pétalo a pétalo
se formó tu hermosura,
escamas de cristal te acrecentaron
y en el secreto de la tierra oscura
se redondeó tu vientre de rocío.
Bajo la tierra
fue el milagro
y cuando apareció
tu torpe tallo verde,
y nacieron
tus hojas como espadas en el huerto,
la tierra acumuló su poderío…

(Fragmento)

Muchas veces estos escritos descriptivos exploran lo subjetivo, la emotividad, el mundo interior. Se exteriorizan las emociones a través de los seres y objetos de la realidad. Las descripciones están hechas de sensaciones y sugerencias. Son textos que revelan y aluden.

Cuando una poesía de este tipo se destina al público infantil, ha de cuidarse que lo subjetivo que guarda sea accesible a la emoción de

---

[193] http://derbolesyletras.blogspot.mx/2013/07/la-oda-la-cebolla-de-neruda.html

los niños, que esté casi imperceptiblemente distribuido y que presente algún punto de referencia concreto.

Los textos descriptivos son muchas veces pretextos para describir los estados de ánimo. Lo descrito se va creando conforme avanza la escritura de los versos. Pueden ser paisajes concretos o mundos interiores hechos de emociones, animales reales o imaginados, textos breves o extensos en los cuales amorosamente se nombra el mundo que nos rodea y el que vive en nuestra emotividad. Así, Federico García Lorca imagina este paisaje hecho de emociones.

PAISAJE[194]

La tarde equivocada
se vistió de frío.

Detrás de los cristales
turbios, todos los niños
ven convertirse en pájaros
un árbol amarillo.

La tarde está tendida
a lo largo del río,
y un rubor de manzana
tiembla en los tejadillos.

Jacques Prévert lleva a su máxima expresión el poema descriptivo cuando invita a dibujar el retrato de un pájaro. Lee el inicio.

PARA HACER EL RETRATO DE UN PÁJARO[195]

Pintar primero una jaula
con la puerta abierta
pintar después algo bonito
algo simple, algo bello,
algo útil para el pájaro (...)

---

[194] http://www.guiainfantil.com/articulos/ocio/poesias/paisaje-poema-infantil-de-garcia-lorca/

[195] http://marcelosaraceno.tripod.com/poemasprevert.html Puedes leer completo el poema en: https://depajaros.wordpress.com/escritos/jacques-prevert/

¿Te animas a pintar con palabras? Roberta Iannamico lo hace con los pinceles de su imaginación. ¿Qué pintarías tú con palabras?

ANIMALES PINTADOS[196]

Con un pincel de pelo de camello
pinté un pájaro.
Soplé tres veces al aire
y el pájaro salió volando.

Observa cómo las frases tienen cierta semejanza en su construcción. Este recurso se conoce como paralelismo. Sin embargo, los elementos de la primera estrofa cambian en la segunda: *pincel de pelo de camello / pincel de pluma de pájaro* y, a partir de esta estrategia, el poema toma forma.

Selecciona algunos de los siguientes inicios (o inventa otros) y desarrolla tu poema imitando la estructura del texto de Roberta Iannamico.

Con una pluma del ala de un águila
escribí un poema que rozaba las nubes.
Rasgué tres veces el azul del cielo
y un ángel se asomó a su ventana.
Quería llover y los relámpagos
eran las letras de oro de mis versos.

Con el murmullo dorado de las espigas / con el murmullo azul del mar

Con los versos que me dice la lluvia / con los versos que me dice el mar

Con las palabras que me dicta la tristeza / con la palabras que me dicta la alegría.

LECCIÓN 19

COPLAS, PREGONES, CANCIONES DE CUNA

Las coplas

Una paloma al volar197
su dorado pico abría;
todos dicen que me hablaba,
pero yo no le entendía.

Gabriel Zaid

Si para cantar te pintas solo, las coplas te sirven, pues son una forma poética de cuatro versos que sirve de letra para canciones populares. Las coplas pueden ser cuarteta de romance (8-8a 8-8a), de seguidilla (7-5a 7-5a) o de redondilla (8a 8b 8b 8a), aunque pueden adoptar otros tipos de estrofa. Con la copla puedes expresar tus sentimientos de un modo poético y sencillo. Decir a quien amas lo que tu corazón anhela o simplemente cantar dando cauce a tus afectos.

Palomita mensajera,[198]
cuando vayas de paseo,
si ves a la niña aquella,
explícale cuánto la quiero.

*

Tu pañuelo de seda
dámelo, niña,
pues un recuerdo quiero
de despedida.

*

---

[197] https://www.poeticous.com/gabriel-zaid/una-paloma-al-volar?locale=es
[198] Suárez Caamal, Ramón Iván. *Al álamo al amor*, libro inédito.

A las ocho me dio sueño,
a las nueve me dormí,
a las dos de la mañana
desperté pensando en ti.

*

En estas coplas te entrego
un amor que no termina:
Si eres rosa, eres espina;
si eres agua, yo soy fuego.

*

En una lágrima escribo
la canción de mi desvelo,
lo seco con el pañuelo
del pétalo donde vivo.

Así que letra tan fina
—pétalo del corazón—
polen, rocío, oración,
la escribí con una espina.

*

Toma, niña, esta naranja,
te la doy porque te quiero.
No la partas con cuchillo
que mi corazón va dentro.

*

Una vez que me miraste
y otra que yo te miré;
en mi corazón quedaste,
en el tuyo yo no sé.

Hay coplas que no siguen las formas estróficas que les son característias:

Se casa la lagartija;[199]
su novio, don lagartón,

---

[199] Suárez Caamal, Ramón Iván. *Palabras para armar tu canto*, ed. cit., p. 41.

le regaló una sortija
con una piedra rocío
en forma de corazón
y el brillo que lleva el río.

*

Allá te mando un suspiro,
en un abrazo enredado;
recíbelo con amor,
desátalo con cuidado
y verás tu corazón
en mi pecho retratado.

Muchas veces las coplas tienen como personajes a los animales:

Andaba la chachalaca
por las orillas del monte,
andaba de enamorada
con el pájaro zinzontle.

Y esta otra:

¿Qué pajarito es aquel[200]
que canta en aquel rosal?
Anda y dile que no cante,
que no quiere bien ni mal.

¿Qué pajarito es aquel
que no para de cantar?
Anda y dile que no cante,
que prefiero mi llorar.

Ricardo Yáñez

En ocasiones expresan nostalgia por estar lejos del terruño:

---

[200] Yáñez, Ricardo. *Una vez, una vida. Antología,* Clásicos jaliscienses, Secretaría de Cultura del Gobierno de Jalisco, 2011, p. 89.

Bendita tierra querida
no tiene comparación;
quisiera tenerte cerca
y darte mi corazón.

También se escriben coplas por el puro gusto de cantar:

Enamorado del canto,
mi corazón es tambor
que redobla con amor
para olvidarse del llanto.

Abrazado a mi guitarra
mi vida es solo cantar
para que pueda olvidar
a mi tierra tan lejana.

Cada vez que tengo penas
se las cuento a mi guitarra,
que las penas son más chicas
cuando se dicen cantadas.

Las coplas surgen de distintas situaciones. Las que siguen, las escribí desde una bicicleta:

COPLAS EN BICICLETA[201]

Si quieres sentirte vivo
te comparto la receta,
en una nube la escribo:
¡Súbete a la bicicleta!

Sobre una silla otra silla,
sobre esa silla un sillón,
sobre el sillón algo brilla:
¿no será tu corazón?

---

[201] Suárez Caamal, Ramón Iván. *En una bicicleta*, ed. cit., pp. 62-63.

Si vas en tu bicicleta
respira largo, profundo
e imagina que es tu meta
vivir segundo a segundo.

Como el que nada en la bruma
avanzo con una venda
y no hay nadie que me entienda
si soy viento o soy espuma.

¿El equilibrio es un mito?
No lo creo, estoy en él.
A todo pulmón lo grito:
—¡Bicicleta, qué corcel!

Fue a la tercera caída
cuando aprendí que el dolor
es otro traje y color
con que se viste la vida.

Si buscabas la respuesta
a lo que la vida es
sube la empinada cuesta
para bajarla después.

Ignoro la diferencia
entre girar y rodar;
no me lo explicó la ciencia:
¿gira el cielo? ¿rueda el mar?

De una libélula el vuelo,
la gracia del colibrí;
la bicicleta es del suelo
pero vuela porque sí.

Te invito a escribir coplas. Estos son algunos inicios. Inventa otros:

Palomita de alas blancas…
El amor es solo un sueño…
Como un lagarto dormido…

El mosquito y su violín…
Tortugas, tortugas van…
En mi libreta escribí…
Las nubes negras del cielo…
Gavilán, gavilancillo…
Lejos estoy de mi hogar…
Cuando te miré en la escuela…
Mis coplas en el camión…
En el mercado le canto…

También podrías escribir coplas de diversos temas o de un autor imaginario:

Coplas de Don Juan Tomate.
Coplas para adivinar.
Coplas de la tortuga al caracol.
Coplas para cantar a la luna.
Coplas de la niña traviesa.
Coplas de un cibernauta.

LOS PREGONES

¿Y los pregones? Quién no ha escuchado en las calles y mercados los gritos de los vendedores cuando anuncian y ofrecen sus mercancías y alaban sus cualidades para convencer a los compradores de que las adquieran. Muchos de esos pregones tienen originalidad y humor. Los pregones pueden referirse a objetos, animales o plantas; aunque también a elementos que solo en la imaginación podrían venderse.

Los poetas toman esta versificación de la tradición oral y la recrean. Fernando del Paso en su libro ¡*Hay naranjas y hay limones!*:[202]

III
Les encanta a los poetas
Escuchar el cantadito:
¡Tierra para las macetas!

---

[202] Del Paso, Fernando. ¡*Hay naranjas y hay limones! Pregones, refranes y adivinanzas en verso*, CIDCLI. S.C., 2007, p. 4.

Aunque también pueden pregonarse objetos, emociones y elementos que no son de venta cotidiana. Por ejemplo:

PREGÓN[203]

¡Vendo nubes de colores:
las redondas, coloradas,
para endulzar los calores!
¡Vendo los cirros morados
y rosas, las alboradas,
los crepúsculos dorados!
¡El amarillo lucero,
cogido a la verde rama
del celeste duraznero!
¡Vendo la nieve, la llama
y el canto del pregonero!

Rafael Alberti

O bien este otro que escribí:

PREGONES[204]

Vendo, vendo baratijas
que son valiosas:
los pañuelos de las rosas
y las sortijas
que llevan las mariposas
en el polen de sus patas.
Compre, que son baratas
mis mercancías:
Esta sonaja de lata
de la luna y hasta el sueño
de gentil orfebrería
del Niño-Dios que María
arrulla. Que tenga dueño

---

[203] http://grandespoetasfamosos.blogspot.mx/2009/01/rafael-alberti.html#pregon
[204] Suárez Caamal, ramón Iván. *Palabras para armar tu canto*, ed. cit., pp. 48-49.

lo que nadie poseía:
el caballo de madera
de la infancia,
la fragancia
de la primavera,
la capa de la llovizna,
la aguja que amor remienda,
las hileras de la brizna.
¡Que se vacíe mi tienda!
Vendo imaginarios dijes:
la ilusión de una burbuja,
colores con alebrijes,
la varita de una bruja.
¿Cuánto le pido, marchante,
por las cosas que remato?
Sepa que vendo barato
para quien vive de prisa
las monedas del instante.
El trueque es interesante:
sus lágrimas no son diamantes;
solo deme una sonrisa.

Las estrofas, la métrica de los versos y las rimas surgen a gusto del autor, siempre y cuando le den originalidad y atractivo a sus textos. ¿Te gustaría escribir pregones? A continuación te propongo una lista de posibles temas y algunos versos iniciales que puedes usar indistintamente. Tú puedes inventar otros, al igual que nuevos temas.

Inicios:
Amigos, oigan mi oferta…
Vendo, vendo muy barato…
Le doy barato, marchante…
Oferta de las mejores…
Para usted tengo estos precios…
A precios de ganga compre…
Mire usted qué mercancía…
¿Cuánto ofrece por …?
No encontrará mejor precio…
Le doy casi regalado…

Temas:
Pregón de los días de la semana.
Pregón de las flores.
Pregón de los misterios.
Pregón de las frutas.
Pregón de los números.
Pregón de los seres de ultratumba.
Pregón de las estaciones del año.
Pregón de la buena lluvia.
Pregón de los enamorados.
Pregón de pájaros.
Pregón de las cosas inútiles.
Pregón de los juguetes olvidados.

Veamos un ejemplo que resulta de combinar un inicio y un tema. Concluye el poema.

PREGÓN DE LOS DÍAS

Vendo, vendo muy barato
los días de la semana:
el lunes se lo remato
por el canto de una rana
y el maullido de un gato.
El martes que va de prisa:
una ganga, oiga mi trato,
lo cambió por el retrato
donde luce su sonrisa.
El miércoles …

LAS CANCIONES DE CUNA

Enraizadas en la tradición, las canciones de cuna, nanas o arrullos deleitaron los oídos de muchas generaciones de niños cuando sus madres los adormecían cantándoles. Los poetas retoman esta veta popular y crean sus propios arrullos. Generalmente se usan versos de seis u ocho sílabas, las rimas pueden ser consonantes o asonantes y se pueden utilizar estrofas.

NANA DE LA CIGÜEÑA[205]

Que no me digan a mí
que el canto de la cigüeña
no es bueno para dormir.

Si la cigüeñita canta
arriba en el campanario,
que no me digan a mí
que no es del cielo su canto.

Rafael Alberti

En estos poemas se demanda amorosamente al niño para que duerma, aunque en ocasiones, si no lo hace, se le amenaza con la aparición de seres que causan miedo: el coco, el lobo, la bruja, a partir de fórmulas para asustar: Ahí viene el coco, llega la bruja, te come el lobo. Una manera de hacer más interesantes estos cantos sería escribir arrullos a los animales, a los objetos o a los seres que provienen de la fantasía y los cuentos.

Aumenta esta lista de personajes a quien escribirles un arrullo: a la noche, a una chachalaca, a una gota de rocío, a una flor, a una brujita, a un dragón que no ha brotado, a un pájaro que sueña con una rebanada de sandía, a un elefante, a un reloj, etcétera.

Escribe una canción de cuna a uno de los personajes de la lista. Recuerda darle un enfoque imaginativo, alegre, que haya ternura y hasta fórmulas para asustar y conminar a dormir.

CANCIÓN PARA DORMIR AL RELOJ[206]

Reloj de pared
con lengua de gato,
del día y la noche
dame su retrato.

Cuando todos duermen,
¿por qué no, el reloj?

---

[205] Oliva B. (antología): *Duerme, duerme, mi niño. Arrullos, nanas y juegos de falda*, edebe, 2005.
[206] Suárez Caamal, Ramón Iván. *Cuna la media luna*, ed. cit., p. 52.

Él está despierto
con luna o con sol.

Tic-tac y tic-tac,
tic-tac como lluvia:
arrurrú, reloj,
detén tus agujas.

El reloj no duerme,
el reloj no ronca
ni el pobre una siesta
se toma de broma.

¿Y si le pedimos
al sol y a la luna
que al reloj le canten
su canción de cuna?

Tic-tac y tic-tac,
tic-tac como lluvia:
arrurrú, reloj,
detén tus agujas.

LECCIÓN 20

LAS RETAHÍLAS

APUNTES[207]

Qué hermoso dibujo:
la nube en el cerro,
el cerro en el valle,
el río a lo lejos.

Qué bella pintura:
la luna en el cielo,
el cielo en el agua,
el río en el viento.

Qué lindos tus ojos
—dos peces traviesos—
que ven el paisaje
en el río inmersos.

Ramón Iván Suárez Caamal

¿Te acuerdas de la canción infantil: "Yo tenía diez perritos?" Es una retahíla, texto en verso en donde los encadenamientos de las frases, los sonidos y el ritmo ganan terreno al significado. Lo importante es seguir la ruta de este tren que sube y baja.[208]

Las retahílas nos recuerdan la sucesión que acontece en la naturaleza y en la vida. Su estructura presenta algunas variantes: movimientos de seriación, estructuras acumulativas y elementos diversos reunidos en multiplicidad que pueden clasificarse del modo siguiente:

---

[207] Suárez Caamal, Ramón Iván. *Contar y Cantar*. Editorial Nave de Papel y Ediciones Insoportables, 2020. pp. 46-47.

[208] También puedes leer "Canción de carnaval" de Ángel Mendozaen esta dirección: http://elprincipedelosmirlos.blogspot.mx/2014/03/cancion-de-carnaval-de-angel-mendoza.html

1. Un orden aritmético con numerales en seriación:

1 / 2 / 3 / 4 / 5 / 6 / 7 / 8 / 9 / 10, o bien: $10 - 1 = 9$ / $9 - 1 = 8$ / $8 - 1 = 7$ / $7 - 1 = 6$ / $6 - 1 = 5$, etc.

PARA VENCER EL INSOMNIO[209]

Una:
vellones de luna.
Dos:
vellones de arroz.
Tres:
trasquilado es.
Cuatro:
las patas de un gato.
Cinco:
un borrego arisco.
Seis:
saltaste después.
Siete:
borreguito, vete.
Ocho:
tu lana te mocho.
Nueve:
es bola de nieve,
Diez:
empieza otra vez.

Con la misma estructura serial es el poema "Gioco de los números" del escritor Heriberto Trejo que puedes leer en internet.[210]
Con la secuencia de la "Canción de los diez perritos", que sigue la estructura de un orden aritmético con numerales en seriación, escribí el poema siguiente.

---

[209] Suárez Caamal, Ramón Iván. En un árbol la canción, Gobierno del Estado de Campeche, 2012, p. 51.

[210] http://bibliotecacastrosanmiguel.blogspot.mx/2010/04/gioco-de-los-numeros-quien-dice-que-no.html

APRENDENDIENDO A RESTAR[211]

Es una araña enorme que ya no anda...
César Vallejo

Una araña con una pata menos
tiene siete:
La que arrancaste remójala en tu leche.
Una araña con dos patas menos
tiene seis:
Si las vas a mascar, úntales miel.
Una araña con tres patas menos
tiene cinco:
¿Puede, sin esas patas, dar un brinco?
A una araña con cuatro patas menos
le quedan otras cuatro:
¿La pondrás a bailar en un teatro?
Una araña con cinco patas menos
tiene tres:
Es la viejita del bastón, ¿puedes creer?
Una araña con seis patas menos
tiene dos:
¿Será que escape más veloz?
Una araña con siete patas menos
tiene una:
¡Cómo ama su patita de luna!
A una araña con ocho patas menos,
¿qué le queda?
Que la amortajen con su seda.

También la retahíla en el poema "Los esqueletos" lleva la estructura del orden aritmético con numerales en seriación. Puedes leer completo este poema en internet.[212]

[211] Suárez Caamal, Ramón Iván. *Viviridú*. Editorial Nave de Papel y ediciones Insoportables, 2020, p. 11.

[212] Ruiz Johnson, Mariana. *Canciones del colibrí. Rimas de América Latina*, Ediciones Castillo, 2014.

Cuando el reloj marca la una
los esqueletos salen de su tumba.

Cuando el reloj marca las dos
Los esqueletos mueren de tos.

Tumba, que te tumba,
que te tumba, tumba, tumba,
tumba que te tumba, tumba (…)

2. Una estructura encadenada que enlaza un elemento terminal
   con otro inicial:

1 / 2 / 2 / 3 / 3 / 4 / 4 / 5 / 5 / 6 / 6 / 7 / 7 / 8 / 8 / 9 / 9 / 10

LA RATA[213]

Una rata corrió a un venado
y los venados al jaguar,
y los jaguares a los búfalos,
y los búfalos a la mar...

¡Pillen, pillen a los que se van!
¡Pillen a la rata pillen al venado,
pillen a los búfalos y a la mar!

Miren que la rata de la delantera
se lleva en las patas lana de bordar,
y con la lana bordó mi vestido,
y con el vestido me voy a casar.

¡Suban y pasen la llanada,
corran sin aliento, sigan sin parar.
Vuelen por la novia, y por el cortejo,
y por la carroza y el velo nupcial.

Gabriela Mistral

---

[213] *Poemas con sol y son. Poesías de América Latina para niños*, ed. cit., p. 21.

ABRIL[214]

El chamariz en el chopo.
¿Y qué más?
El chopo en el cielo azul.
¿Y qué más?
El cielo azul en el agua.
¿Y qué más?
El agua en la hojita nueva.
¿Y qué más?
La hojita nueva en la rosa.
¿Y qué más?
La rosa en mi corazón.
¿Y qué más?
¡Mi corazón en el tuyo!

Juan Ramón Jiménez

3. Una estructura adicional y acumulativa en donde a un elemento se va sumando otro y otro, lo que crea una abundante relación entre ellos:

1 + 2 / 3 + 1 + 2 / 4 + 3 +1 + 2 / 5 + 4 + 3 + 1 + 2 / 6 + 5 + 4 + 3 + 1 + 2 /, etc.

EN UNA GOTA DE ROCÍO

Ésta es una gota de rocío
que resplandece con el alba.

Esta es la flor silvestre
en donde está la gota de rocío
que resplandece con el alba.

Este es el niño enamorado
que corta la flor silvestre
en donde está la gota de rocío
que resplandece con el alba.

---

[214] http://www.guiainfantil.com/articulos/ocio/poesias/abril-poesia-de-juan-ramon-jimenez-para-ninos/

Esta es la niña más hermosa
de la que está enamorado el niño
que corta la flor silvestre
en donde está la gota de rocío
que resplandece con el alba.

Y estos son los versos que hablan
de la niña más hermosa
de la que está enamorado el niño
que corta la flor silvestre
en donde está la gota de rocío
que resplandece con el alba.

Ramón Iván Suárez Caamal

4. Una estructura enumerativa en donde se da un listado o inventario de elementos lógicos o imaginarios, las más de las veces, variados en cantidad y contradictorios:

$1 + 2 + 3 + 4 + 5 + 6 + 7 + 8 \,/\, 1 + 2 + 3 + 4 + 5 + 6 + 7$, etc.

LA POBRE VIEJECITA[215]

Érase una viejecita
sin nadita que comer
sino carnes, frutas, dulces,
tortas, huevos, pan y pez.

Bebía caldo, chocolate,
leche, vino, té y café,
y la pobre no encontraba
qué comer ni qué beber (…)

El poeta Pedro Mañas en "Ciudad laberinto" emplea la retahíla de modo bastante libre —un tanto enlazando un elemento terminal con uno inicial—, cuando recrea una situación del mundo citadino actual:

---

[215] El poema completo lo puedes leer en: https://www.poemas-del-alma.com/rafael-pombo-la-pobre-viejecita.htm

EL HOMBRE SIN NOMBRE[216]

En mi ciudad hay mil barrios.
En cada barrio hay cien calles.
En cada calle hay diez casas.
En cada casa hay un hombre.
¿Y a este hombre qué le pasa?
Pues le pasa (no te asombres)
que nadie sabe su nombre,
ni le escribe, ni le abraza.
Le pasa que no le conocen
ni en su calle, ni en la plaza.
Le pasa que no tiene patio,
ni ventana, ni terraza.
Le pasa que nada le pasa
al hombre que vive enfrente
de la puerta
de tu casa.

En la tradición popular de Venezuela aparecen estos versos que comparten de la retahíla y la jitanjáfora:

¿Quién va allá?[217]
Mama Anchenche
—¿Qué Chenche?
Chenchetena.
¿Qué tena?
Tenasá.
¿Qué sa?
Santiguá.
—¿Qué guá?
Guamangongo.
¿Qué gongo?
Gongopai.
—¿Qué pay?

[216] http://palabrasmaldichas.blogspot.com/2011/08/el-hombre-sin-nombre-pedro-manas.html

[217] http://minesmuki.blogspot.mx/2009/08/la-poesia-genero-base-de-la-literatura.html

Paisícolo.
¿Qué sícolo?
Sicolombembe.
—¿Qué
bembe?
Bembetumba?
—Qué tumba?
Tumbamuelle.
—¿Qué muelle?
Muellecaca.
—¿Qué caca?
Cacahuila.
—¿Qué huila?
Huilalai.
—¿Qué lai?
Lailomé.
—¿Qué me?
Que el cuento ya te lo conté.

Identifica a qué estructura de las retahílas pertenecen los siguientes poemas:

LA PLAZA TIENE UNA TORRE[218]

La plaza tiene una torre,
la torre tiene un balcón,
el balcón tiene una dama,
la dama una blanca flor.
Ha pasado un caballero
—¡quién sabe por qué pasó!—
y se ha llevado la plaza,
con su torre y su balcón,
con su balcón y su dama,
su dama y su blanca flor.

Antonio Machado

---

[218] Hinojosa, Francisco. *Cuéntame. Lecturas para todos los días.* Segunda parte, Ediciones Castillo, 2011, p. 84.

CONTANDO PARA EL INSOMNIO[219]

A la una me dio sueño,
a las dos me acurruqué,
a las tres era yo un leño
y a las cuatro desperté.
A las cinco pegué un brinco,
a las seis hice café,
a las siete, no me explico
si a las ocho soy un pez.
A las nueve, cómo llueve.
Y a las diez cuento otra vez...

Ramón Iván Suárez Caamal

UN CUADRO[220]

Miro en la pared un cuadro.
No es un cuadro,
es una ventana mordisqueando un paisaje.
No es una ventana,
es un hombre mirando mis ojos.
No es un hombre,
son mis ojos mirando una pared.
No es una pared,
es un cuadro de un hombre
mirando una pared.
No es una pared.
No es una ventana.
No es un hombre.
Apaga mi papá las luces.
El mundo deja de existir.

Javier España

---

[219] Suárez Caamal, Ramón Iván. *Contar el tiempo*, libro inédito.

[220] España, Javier. *La suerte cambia la vida*. Fondo de Cultura económica. Fundación para las Letras Mexicanas A. C., 2004. p. 9.

CORTARON TRES ÁRBOLES[221]

Eran tres.
(Vino el día con sus hachas.)

Eran dos.
(Alas rastreras de plata.)
Era uno.
Era ninguno.
(Se quedó desnuda el agua.)

Federico García Lorca

Escribe una retahíla con los números, los días de la semana, los meses, las estaciones del año, el abecedario u otro asunto que se te ocurra.

---

[221] http://trianarts.com/cortaron-tres-arboles-de-federico-garcia-lorca/

LECCIÓN 21

ADIVINA ADIVINADOR

Para bailar me pongo la capa[222]
porque sin la capa no puedo bailar.
Para bailar me quito la capa
porque con la capa no puedo bailar.

Ulalume González de León

¿De quién están hablando? ¿De un bailarín? ¿De un personaje de siglos pasados que usaba capa? ¿Tal vez un mago o un rey? ¡Claro que no! Y aquí está lo interesante. Las adivinanzas nos dan pistas que la mayoría de las veces nos distraen de la respuesta correcta.

Hay un verbo: bailar; una parte del vestuario: la capa. Y las ideas contradictorias: necesita la capa para bailar pero no puede bailar si la tiene puesta. La imaginación empieza a funcionar, a disparar sus mecanismos: tal vez no es una persona sino un objeto. Y la capa que se pone y se quita para poder bailar tiene que ser otra cosa. ¿Que tal hilo? ¿Ya vas intuyendo que se refiere a un juguete? ¿A cuál se le pone y quita su capa para que baile? ¿Tienes la respuesta en la punta de la lengua? ¡Naturalmente estamos hablando del trompo! ¿Podrías explicar por qué?

Las adivinanzas, ¿quién no las escuchó y quedó hechizado por ellas? Algo de magia tienen sus enigmas. ¿Por qué nos gustan las adivinanzas? Tal vez porque son llaves que nos permiten acceder al misterio. O quizá porque son obstáculos que se antojan al principio infranqueables, pero que la inteligencia y la imaginación logran explicar. Algo —lo apuntaba antes— del pensamiento mágico las acompañan.

En el Chilam Balam se planteaban estos acertijos para aquellos iniciados que deseaban obtener puestos y jerarquías. En la antigüedad griega, los viajeros tenían que estar preparados ante los planteamientos de la Esfinge si no querían acabar sus días asesinados por

---

[222] Serrano, Francisco. (compilador): *La luciérnaga. Antología para niños de la poesía mexicana contemporánea*, CIDCLI, 1983, p. 135.

este monstruo mitológico. De ahí, con el paso del tiempo y el avance de la razón, las adivinanzas quedaron confinadas al mundo infantil, aunque debemos confesar que nos siguen cautivando a todos sin importar los años vividos.

Juegos de ingenio, puertas al asombro, las adivinanzas siguen deleitándonos y abren sus naipes vivos para mostrarnos lo que es y no es, lo oculto y lo visible en la eterna transformación del universo. Cada vez que escuchamos lo que dice el viento, en cada ocasión en que vemos cómo la lluvia lava el rostro de las cosas, en todo momento en que la vida nos plantea una encrucijada, encuentras la respuesta: está en tu corazón.

¿Cómo podemos crear adivinanzas? Aunque no en todos los casos, la versificación y la rima tienen un peso importante en la estructura de las adivinanzas. Los versos generalmente son de arte menor, es decir, que no excedan de 8 sílabas: hexasílabos (6 sílabas), heptasílabos (7 sílabas) y preferentemente octosílabos son las medidas más usuales. En cuanto a las estrofas, predominan las cuartetas y redondillas, aunque no dejan de usarse quintillas, coplas de pie quebrado, tercetos y pareados.

Las rimas unas veces son asonantes, otras consonantes y abundan en los versos pares. El papel de la rima es ayudar a la memoria auditiva a recordar cada uno de los versos que componen el acertijo, además de hacerla más musical y, por tanto, atractiva a los oídos. Además, muchas veces las rimas llevan al creador de adivinanzas por caminos insospechados y sorpresivos.

Medida, ritmo y rima de las adivinanzas las acercan a todos los que miramos con ojos asombrados el mundo y sus enigmas, pues el pensamiento mágico suele perdurar a pesar del predominio de la razón y la ciencia en nuestro tiempo. La naturaleza humana está hecha para el juego, el misterio, el asombro. Y qué bueno que sea así.

Pero volvamos al asunto. ¿Cómo crear adivinanzas? Existen distintos procedimientos. Escojamos uno, el más fácil, la llamada falsa adivinanza que se basa en los juegos sonoros. ¿Quién no ha oído?:

> Agua pasó por tu casa,
> cate de mi corazón,
> el que no me lo adivine
> es un burro cabezón.

O bien:

Lana sube,
lana baja
y el viejito
la trabaja.

O igualmente:

Oro no es,
plata no es.
adivina
lo que es.

Sencillísimo, ¿no? Así que con esta lógica aventuremos algunas adivinanzas:

Ya ves que te vine a ver.
Ya ves que siempre te veo.
Ya ves que nunca te olvido,
aunque vaya de paseo.

O esta:

Está en el amar,
lo tiene María,
si sabes remar
lo adivinarías.

Y esta:

En el Oriente lejano
hay un perro pequinés:
¿En qué ciudad vive el perro
de las orejas café?

Y una más como para echar humo por la cabeza:

Mientras más lejos más cerca;
mientras más cerca más lejos.

Qué tal si haces unas con las palabras siguientes: camaleón, agua-
cero, ballena, pestañas, papagayo, tecolote, pera, sandía, tomate,
canoro, primavera, venganza u otras.

Las adivinanzas tienen que ver mucho con la curiosidad. Es un reto
descifrarlas, un desafío dar con la respuesta. Y son, con frecuencia,
metáforas puras, perfectas por su sencillez e ingenio. Por otra parte, ayudan al desarrollo de la inteligencia, fomentan la imaginación
y despiertan la fantasía. Las adivinanzas manejan un lenguaje lleno
de juegos de palabras, ideas que se contradicen, metáforas, sinsentidos aparentes.

Gabriel Janer Manila (*Pedagogía de la imaginación poética*, p. 71) asienta, citando a J. L. Garfer y Concha Fernández, que la adivinanza es una
ingeniosa descripción en verso de un mensaje que el receptor debe
descubrir. Entre sus principales características menciona:

> Es un juego poético.
> Se escribe en verso para poder memorizarlas con facilidad.
> Viene de la tradición oral.
> Genera inquietud, curiosidad.
> Constituye un muestrario de la sabiduría popular.
> Pone en juego la inteligencia y el ingenio.
> Resolverlas y, mejor aún, escribirlas, ayuda al dominio de
> la palabra y al desarrollo personal de la imaginación y el
> razonamiento.

Las adivinanzas, a simple vista, parecen fáciles de resolver y crear.
Sin embargo, tienen sus dificultades, superables si se abordan con em-
peño e imaginación. Para escribir adivinanzas se pueden seguir varios procedimientos:

• Descripción del objeto:

Tiene ojos y no ve, / tiene corona y no es reina, / tiene escamas y
no es pez.

(La piña)

Enumerar —narrar— las acciones que realiza el personaje habi-
tualmente o a lo largo de su vida:

Verde fue mi nacimiento, / colorado mi vivir, / y negra me estoy poniendo / cuando me voy a morir.

(La zarzamora)

- Decir para qué sirve:

Sube cargada, / baja sin nada.

(La cuchara)

- Comparar al objeto con otro:

Chiquito como un ratón / cuido la casa como un león.

(El candado)

- Describe al objeto, aunque lo opone a otra cosa parecida para guiar (o confundir) más al lector:

No soy rata y tengo rabo, / pico sin ser alacrán, / a aquellas que me prefieren / también las hago llorar. / Si tú eres buen adivino / y mexicano además, / de seguro lo que soy / lo podrás adivinar.

(El chile)

- Utiliza imágenes visuales, auditivas, táctiles, gustativas:

Una vieja blanca / que corre por la barranca.

(La neblina)

- Recurre a metáforas:

Treinta caballitos blancos / en una colina roja, / corren, muerden, están quietos / y se duermen en tu boca.

(Los dientes)

Igualmente existe la falsa adivinanza (mencionada párrafos atrás), en la que hay que prestar atención al juego de palabras o las que se refieren a letras o nombran palabras que las incluyen:

Te la digo, te la digo, / te la vuelvo a repetir, / te la digo veinte veces / y no la sabes decir.

(La tela)

El burro la lleva a cuestas / y ella es mitad de bu; / pues jamás la tendré yo / y siempre la tienes tú.

(La letra u)

- Hay adivinanzas en las que los personajes hablan de ellos mismos:

Doce hermanitos somos, / yo el segundo nací; / si soy el más pequeñito / ¿cómo puede ser así?

(Febrero)

- También puede oírse a un narrador omnisciente (en tercera persona y que lo sabe todo):

Las tocas blancas / de doña Leonor / a los montes cubren / y a los ríos no.

(La nieve)

- Aunque este narrador omnisciente puede hacer hablar a los personajes a través del diálogo directo:

¿Co..., co..., cómo se llama?, di, tartamudo. / -Se llama Clara, / vive en lo oscuro.

(El coco)

- Las hay que se dirigen al interlocutor utilizando fórmulas de introducción y fórmulas de conclusión:

Adivina, adivinador; / adivinador, adivina: / si se rompe en la cocina / permite que salga el sol.

(El huevo)

- Ciertas adivinanzas son un reto a la razón pues plantean realidades contradictorias y aun absurdas:

Cuando estoy sola soy cuatro, / seis cuando ocupo alguno / con cuatro vuelvo y me quedo / cuando no ocupo ninguno.

(La silla)

Si me amarran, me voy; / si me sueltan, / me quedo.

(Los huaraches)

La estructura de las adivinanzas —según L. F. Garner y C. Fernández— es la siguiente:

a) Fórmulas de introducción.
b) Elementos desorientadores.
c) Elementos orientadores.
d) Fórmulas de conclusión.

• Algunas fórmulas de introducción y conclusión:

Adivina, adivinador / ¿Me podrías decir / A que no me lo adivinas / ¿Sabes quién es aquél / a que no hay quien lo adivine. / No te la pongo difícil / ¿Qué quieres si lo adivinas?, etcétera.

Aunque no siempre se emplean las fórmulas de introducción y de conclusión, los elementos desorientadores y orientadores son piezas claves de la adivinanza y no pueden faltar. Gianni Rodari (*Gramática de la fantasía*, pp. 49-51), advierte que la construcción y la resolución de una adivinanza son ejercicios de lógica y de imaginación a la vez. Y lo ejemplifica con una adivinanza muy breve: Baja riendo y sube llorando...

Según Rodari, existe una acción de extrañamiento, de descontextualización del objeto aludido por la adivinanza que lo menciona solamente como algo que baja y sube. No obstante, la metáfora reside en los verbos reír y llorar. Este acertijo funciona con solo uno de los elementos del objeto, su sonido: la cubeta que baja al pozo chirría de manera distinta cuando baja vacía a cuando sube llena de agua. Si observamos un poco, las gotas de agua que se derraman equivalen a las lágrimas, al mismo tiempo que el sonido del carrillo y la cubeta. De este modo, un objeto cotidiano y trivial deviene en objeto misterioso que desafía a la imaginación.

Concluye Rodari que en la invención de una adivinanza aparece esta secuencia: extrañamiento-asociación-metáfora. Si hacemos una adivinanza en la que el elemento sea un cuaderno:

En la primera operación (extrañamiento) se define el sujeto de la adivinanza como si se viera por primera vez. Esta definición será esquemática, aproximada y resaltará sus principales características: es de papel, tiene pastas, hojas y, en ellas, líneas o rayas y márgenes.

La segunda operación es para hacer comparaciones y asociaciones hasta crear mediante imágenes aperturas a otros significados: un árbol tiene hojas, un tigre tiene rayas en la piel, un río posee márgenes. La tercera y la cuarta operaciones consisten en crear la metáfora y darle forma atrayente a la definición misteriosa escribiéndola en versos y agregándole, si se quiere, una fórmula de conclusión:

Tiene hojas y no es árbol,
tiene rayas y no es tigre,
en sus márgenes no hay ríos:
a que no hay quien lo adivine.

Las adivinanzas tienen una temática bastante amplia: el ser humano, los oficios, los fenómenos de la naturaleza, los vegetales, los animales, el tiempo, el mundo de las cosas del hogar, del vestir, del comer, los transportes, los números, las letras, entre otros.

Inventa tus adivinanzas y utiliza toda la información que leíste. Podemos empezar con los animales.

Una fortaleza
tiene por morada,

_____

_____.

¿Podrías decirme,
si va al zapatero,

_____

_____.

¿Quién es esta tejedora
que hace mantos de seda

_____

_____.

Algunos escritores emplean las adivinanzas para crear sus poemas:

ADIVINANZAS[223]

En los dientes, la mañana,
y la noche en el pellejo.
¿Quién será, quién no será?

—El negro.

Con ser hembra y no ser bella,
harás lo que ella te mande.
¿Quién será, quién no será?

—El hambre.

Esclava de los esclavos,
y con los dueños tirana.
¿Quién será, quién no será?

—La caña.

Escándalo de una mano
que nunca ignora la otra.
¿Quién será, quién no será?

—La limosna.

Un hombre que está llorando
con la risa que aprendió.
¿Quién será, quién no será?

—Yo.
Nicolás Guillén

EL ADIVINADOR[224]

La señora Nube Blanca
se encontró con un señor.
Le dijo: —Sos un cochino,
vas todo sucio de carbón.
Don Humo, muy ofendido,
¿saben qué le contesto?

---

[223] http://www.poemas-del-alma.com/nicolás-guillén-adivinanzas.htm
[224] Walsh, María Elena. *El reino del revés*, ed. cit., pp. 72-73.

Adivinador, adivina.
Adivina, adivinador.

La señora doña Luna
se encontró con un señor.
Le dijo: —Andate, viejito,
porque ya es tarde para vos.
Don Sol, muy avergonzado,
¿saben que le contestó?

Adivinador, adivina.
Adivina, adivinador.

La señora doña Lluvia
se encontró con un señor.
Le dijo: —No me despeines
la peluquita, por favor.
Don Viento, muy prepotente,
¿saben qué le contestó?

Adivinador, adivina.
Adivina, adivinador.

La señora doña Estrella
se encontró con un señor.
Le dijo: —Por pura envidia
me querés arruinar el show.
Don Nubarrón, divertido,
¿saben qué le contestó?

Adivinador, adivina.
Adivina, adivinador.

María Elena Walsh

12
¿Quién, sin mudarse, se muda[225]
de su casa con su casa;

---

[225] Suárez Caamal, Ramón Iván. *Pregúntale al sol y te dirá la luna*, ed. cit., p. 26.

> vive en una calabaza
> y la lleva sin ayuda?
> ¿Dime quién es la que pasa,
> paso a pasito, y no suda
> llevando a cuestas su casa?
>
> En una calabaza
> que no será carroza
> una tortuga posa,
> una tortuga pasa.
> Jamás alquila casa
> y se siente muy moza
> como lozana rosa
> esta viejita pasa.
> No sé lo que le pasa
> a la ancianita verde
> que la lechuga muerde
> con su pico-tenaza.

Quiero finalizar con esta poética adivinanza de la escritora cubana Dora Alonso que incluye la respuesta:

> En un caballo de arena[226]
> llega un bravo capitán
> vestido de azul y blanco.
> Es el mar.

¿Y si escribes un poema donde haya alguna adivinanza?

---

[226] Elizagaray, Alga Marina. *Por el Mar de las Antillas*. Selección de poesía cubana para niños, Ediciones El Caballito, S.A., 1983, p. 93.

LECCIÓN 22

CÁNTAME UN CUENTO/
CUÉNTAME UN CANTO

ENSALMO PARA CANTAR UN CUENTO[227]

Te canto un cuento,
te cuento un canto
en esperanto
o en esperpento.
Con voz de viento.
quiero tu espanto
y mientras tanto,
tú, tan contento
como un pimiento
o un celacanto...
Con qué portento
mi cuento cuento:
miel y amaranto.
Casi te encanto.
A veces miento,
aunque no tanto.
Lento, muy lento
te canto un cuento,
te cuento un canto:
encantamiento...

¿Te acuerdas cuando antes de dormir o en un grupo de amigos se contaban historias de miedo? Luego, no querías ir a tu cuarto porque temías que al apagar la luz, en un rincón, se escondiera un monstruo dispuesto a salir apenas conciliaras el sueño, una bestia con cinco cabezas que echaba fuego por las fauces, que arañaba los muros y ha-

---

[227] Suárez Caamal, Ramón Iván. *Te canto un cuento*, ed. cit., pp. 8-9.

cía astillas las ventanas. Los cuentos siempre han fascinado nuestra imaginación. Aunque generalmente los cuentos se escriben en prosa, también se puede usar el verso para crearlos. Un antecedente de estas historias son las fábulas, en donde se criticaban los defectos humanos y al final se daba una moraleja o enseñanza. Nicolás Guillén actualiza esta forma de narrar.

FÁBULA[228]

El viejo mono
dijo al monito:
Vámonos, demos
un paseíto;
de estar colgado
me siento ahíto.
Pero en respuesta
dijo el monito:
—Yo tengo miedo,
pues por poquito
el otro día
me dejan frito
cuatro caimanes
y dos mosquitos,
sin que pudiera
lanzar un grito,
pedir socorro,
tocar un pito.

El viejo mono
dice al monito
(no sin mirarlo
de hito en hito):
—De los cobardes
nada se ha escrito.

---

[228] Elizagaray, Alga Marina. *Por el Mar de las Antillas*. Selección de poesía cubana para niños. ed. cit., pp. 43-45.

¿No te avergüenza,
lindo amiguito,
coger los mangos
siempre bajitos,
sin pena o riesgo,
sin un tirito?
—¿Y si me matan?
(gime el monito).
—Pues si te matan,
ya estaba escrito.
—¿Y si me prenden?
—Será un ratito.
—¿Y si me hieren?
—Un pinchacito...

Después de hablado
todo lo escrito,
miren que miren,
ahí va el monito,
con más candela
que un aerolito,
canta que canta,
ya no bajito.

El bosque es suyo...
¡Mas cuidadito!,
hay otros monos
y otros monitos,
que no se pueden

Luego de lo leído
claro habrás comprendido
que en materia de monos y de gentes,
solo pueden triunfar los más valientes.

Nicolás Guillén

Cuando se relatan anécdotas, aparecen pocos personajes, un solo escenario y una breve historia. La anécdota es una historia de poca extensión que cuenta un hecho curioso o interesante y desea entretener o ejemplificar. Por el contrario, un cuento versificado desarrolla en el tiempo y el espacio una trama, plantea un conflicto o problema, hay un clímax y un final.

La diferencia con los cuentos de la narrativa es que el cuento en verso se enriquece con los elementos del lenguaje poético: métrica, rimas, ritmo, a veces, lenguaje figurado. En estos cuentos con estructura de poemas aparecen y se describen personajes, lugares, ambientes; aparecen diálogos y, generalmente, son más extensos. Lee este ejemplo de narración anecdótica:

¡AY, SEÑORA, MI VECINA![229]

¡Ay, señora, mi vecina,
se me murió la gallina!
Con la cresta colorada,
y el traje amarillo entero,
ya no la veré atareada,
paseando en el gallinero,
pues, señora, mi vecina,
se me murió la gallina,
domingo de madrugada.
Sí señora, mi vecina,
ay, señora, mi vecina,
domingo de madrugada.
¡Míreme usted como sudo,
con el corral enlutado,
y el gallo viudo!
¡Míreme usted como lloro,
con el pecho destrozado,
y el gallo a coro!
¡Ay, señora, mi vecina;
como no voy a llorar
si se murió mi gallina!

Nicolás Guillén

Y ya que hablamos de gallinas y gallos va esta anécdota que versifiqué:

---

[229] http://www.laedadeoro.com/2009/03/ay-senora-mi-vecina-poema-de-nicolas.html

CONSEJA[230]

—Señora vecina,
¿qué tiene su gallo?

—Se fue su gallina
con un guacamayo.
Por eso el desmayo,
por eso no canta.

—A tristeza tanta
ponga este remedio
que me dio mi abuela
y se irá su tedio:
¡Caldo de cazuela!

Hace algunos años escribí un cuento en verso cuya historia es el deseo de la luna nueva por tener un traje luminoso. Es un poema escrito como un homenaje a Federico García Lorca. Lo transcribo.

EL TRAJE DE LUNITA[231]

Este cuento que les cuento
le sucedió a luna nueva
que quiso, como los peces,
su traje de lentejuelas.
Me lo contó Federico
desde una antigua carreta
—por caminos de Santiago—
que polvo en el cielo deja.
Es cumpleaños del sol,
reparte nubes de fresa,
adorna el patio del cielo
con piñatas y cometas.
Se fue muy triste la luna

---

[230] Suárez Caamal, Ramón Iván. *Palabras para armar tu canto*, ed. cit., p. 42.
[231] Suárez Caamal, Ramón Iván. *En un árbol la canción*, Gobierno del estado de Campeche, 2012, p. 84.

de la mar a las riberas,
llora suspiros de sal
y lágrimas de luz y arena.
Vivía la niña luna
en una casa muy negra
envidiando los destellos
de sus hermanas estrellas.
¡Pobrecita de la luna!,
de la luna tan coqueta
que quiere traje de luces
para estrenar en la fiesta.
Discuten los animales
reunidos en asamblea
y en menos que una ola cae
las soluciones acuerdan:
Pez aguja cosió el traje,
la concha ofreció su perla,
pez volador le llevó
el traje de lentejuelas.
La escuchan los caracoles,
se acongojan las sirenas,
mantarraya condolida
quiere enjugarle las penas.
Se probó el traje la luna
para ver cómo le queda,
su sonrisa de gitana
sobre el agua se refleja.
Aquí termina este cuento
que les contó quien les cuenta.
Lunita usó desde entonces
su traje de lentejuelas.

Podemos encontrar otro ejemplo de cuento versificado, en el que se sigue el relato original pero, sorpresivamente, Caperucita se sale de la historia con una versión distinta. Es una parodia llena de humor de la historia original. Comparto un fragmento. El poema completo lo puedes leer en internet.[232]

---

[232] https://otrosgarabatos.blogspot.com/2019/02/cuentos-en-verso-para-ninos-perversos.html?spref=pi

CAPERUCITA ROJA Y EL LOBO

Estando una mañana haciendo el bobo
le entró un hambre espantosa al Señor Lobo,
así que, para echarse algo a la muela,
se fue corriendo a casa de la Abuela.
"¿Puedo pasar, Señora?", preguntó.
La pobre anciana, al verlo, se asustó
pensando "¡Este me come de un bocado!".
Y, claro, no se había equivocado:
se convirtió la Abuela en alimento
en menos tiempo del que aquí te cuento.
Lo malo es que era flaca y tan huesuda
que al Lobo no le fue de gran ayuda:
"Sigo teniendo un hambre aterradora...
¡Tendré que merendarme otra señora!" (…)

Gianni Rodari asienta en *Gramática de la fantasía*[233] que se pueden utilizar los cuentos populares y, a partir de ellos, introducir elementos nuevos, plantear situaciones distintas y aún disparatadas que se alejen de la historia original.

Así lo sugiere en los ejercicios 15, 16, 17 y 18 de su libro. Tales procedimientos son aplicables también en los relatos en verso, una herramienta muy útil para relatar historias, pues al interés de la trama se agrega la musicalidad de las palabras.

Se trata de inventar historias, personajes, mundos imaginados, explorar la geografía de los sueños y las pesadillas, contar anécdotas con su dosis de poesía o recrear los cuentos tradicionales —que como dijimos, propone Gianni Rodari— al darles a esas historias finales distintos, mezclar los personajes de varias narraciones o traerlos a la vida actual, en fin, tomar de la tradición oral (mitos y leyendas) y de los cuentos populares las tramas y recrearlas. Para ello, las estrofas que más se prestan son los pareados, romances y romancillos, aunque pueden usarse otras.

Miremos otro relato en verso con la conocida anécdota del sapo que se convierte en príncipe cuando su amada le da un beso, pero, ahora, desde el otro lado del espejo:

---

[233] Rodari, Gianni. *Ob. cit.*, pp. 54-61.

EL SAPO VERDE[234]

Ese sapo verde
se esconde y se pierde;
¡así no lo besa
ninguna princesa!.
Porque con un beso
él se hará princeso
o príncipe guapo;
¡y quiere ser sapo! (…)

Cuenta una anécdota en verso. Continúa algunas de estas historias:

1. Mis juguetes de trapo,
   doña Rana y don Sapo…

2. Siempre tengo razón:
   es de color azul
   la flor del corazón…

3. Una bruja brujilinda muy boba
   se sentó en la calle a vender su escoba…

4. Mi linda gata Abrelatas
   tiene los bigotes largos,
   duerme sobre corcholatas
   y le encanta comer pargos.

5. Cuando se apaga la luz
   se enciende un país oscuro,
   el reloj marca las doce:
   a su péndulo me subo.

6. En la esquina de mi casa
   cada día algo pasa…

---

[234] https://sinalefa2.wordpress.com/poemas/el-sapo-verde-carmen-gil/

7. En mi avión de papel
    llegaré hasta las nubes…

8. Te contaré un secreto
    pero a nadie se lo digas…

9. Este era un reloj flojo, pero flojo,
    tal vez una tortuga o un gorgojo…

10. La pájara pinta,
     un ave de tinta,
     pasa en mi cuaderno
     el frío de invierno…

El buen humor es muy importante en estas historias en verso. En mi libro *Te canto un cuento* narro la historia de un pájaro llamado Paralelepípedo que contrae matrimonio con una palomita de buen ver con la que tuvo sus polluelos a los que bautizaron con estos nombres:

> El ave se casó
> con una palomita de buen ver,
> esponjado el buche,
> cucurrucucú *minuet*.[235]
> Son cuatro pajaritos
> que tuvieron nada más:
> Pará, Lelé, Pipí
> (y ya no digo más).

Inventa títulos que anuncien personajes, historias o mundos imaginados. Por ejemplo:

> Vivo en una caja de zapatos.
> Mi abuelo de papel.
> El espejo de la bruja Baratija.
> Mi país se llama Misterio.
> Cabellos de sol, ojos de luna.
> Soy una niña de humo.
> Navego en una cáscara de nuez.

---

[235] Pieza musical: se pronuncia *minué*.

El dedal del pájaro Dodo.
Una ballena en mi pecera.
Los bigotes mágicos de mi gata Abrelatas.
Los sueños del cocodrilo y el Coco.
Un dragón de chocolate y otro de vidrio.
Las lenguas de los zapatos.
Historia del grano de maíz azul.
El alebrije escarlata.
Cuento del foco y de la luz con alas.
Las hadas viajan en bicicleta.
Cuando el lunes se perdió.
El duende Lagartijo y la princesa Humo.
El Alebrije Azul.

Recrea algún personaje de los cuentos populares.

EL SUEÑO DEL BEBÉ DRAGÓN[236]

En su caja de cerillos
se durmió el bebé dragón.

Tic, tac, toc como un martillo,
un reloj su corazón.

El sol enciende su brillo
y entre nubes de algodón

que lo pintan de amarillo
cruza el pequeño dragón.

Con mi espada de madera,
un escudo y un cordel
subo y bajo la escalera

de los sueños junto a él.
Si esta historia se encendiera
ardería este papel.

Inventa y escribe tus propios cuentos en verso.

---

[236] Suárez Caamal, Ramón Iván, *Pregúntale al sol y te dirá la luna*, ed. cit., p. 40.

LECCIÓN 23

EL HUMOR HACE COSQUILLAS

Se han explorado dos tipos de humor en la poesía para niños:

a) El que es producido por el asunto del poema y que plantea situaciones graciosas, jocosas, absurdas o decididamente incongruentes.

APODOS[237]

Me dicen Cuatro Ojos porque tengo lentes.
¿Cómo me llamarán si supieran que perdí cuatro dientes?
Cocodrilo chimuelo,
Orangután abuelo.
Si tengo gripe y mi pañuelo acabo,
¿seré Moco de Pavo?
Si mi estatura es alta,
¿me dirán Escalera?
Y si parezco esfera,
¿me nombrarán Rodaja,
Sandía Boluda,
Bola Peluda
Panza de Buda?
Y si flaco,
¿seré Fideo o Taco,
Nieto de Barracuda
Espigada Lombriz?
Que me digan así
o de este modo,
no me molesta
pues la vida es una fiesta.
Así festejo que me llamen

---

[237] Suárez Caamal, Ramón Iván. *Jugar*, ed. cit., pp. 14-15.

Pelos de Escoba,
Hermano de la Hormiga,
Dientudo Conejo,
Naricita Boba,
Cara de Embudo,
Patas Planas,
Brazos de Resortera,
Ojos de Tecolote,
Cinturita de Albóndiga,
Nariz de Cafetera,
Araña Patizamba,
Ojos de Regadera,
Don Chico Perico,
Nariz de Codorniz,
Don Chaparrón Chaparro
Cabeza de Tachuela…
Soy todo eso y nada
de lo que digan soy.
No le busquen, ya me voy
bajo la lluvia helada.

b) El humor que es producto de las rimas y de los juegos con el sonido, como asienta Labanca, Cecilia María en un ensayo donde
cita a Isabel Bornemann:

(…) el humor de los sonidos, que surge del "encanto auditivo que producen los sonidos de ciertas palabras, muchas veces deformadas inten-
cionalmente o dispuestas de modo especial en determinados versos a
fin de provocar —por ejemplo— graciosas aliteraciones." (Bornemann,
1976:18)[238]

Va la muestra en este poema donde las rimas producen el efecto gracioso.

---

[238] http://www.memoria.fahce.unlp.edu.ar/trab_eventos/ev.7472/ev.7472.pdf

CAIMÁN CON FLOR[239]

Un caimán
con un tulipán
entre los dientes
no es diferente
ni raro.

Quede claro:

Esa flor
es lo que resta del amor
de aquel galán
en la panza del caimán
quien con pétalos decía:
Me quiere, no me quiere. Poesía
de una flor que asoma.

De aquel no queda ni el aroma.

Leamos otro ejemplo tomado de un fragmento de mi poema "El pájaro paralelepípedo":[240]

El ave se casó
con una palomita de buen ver,
esponjado el buche,
cucurrucucú minuet..
Son cuatro pajaritos
que tuvieron nada más:
Pará, Lele, Pipí
(y ya no digo más.)

c) El humor que procede de lo absurdo, en este caso, el nonsense. En Wikipedia se describe al nonsense de esta manera:

---

[239] Suárez Caamal, Ramón Iván. *Tap tipi tap*, libro en preparación.
[240] Suárez Caamal, Ramón Iván. *Te canto un cuento*, ed. cit., p. 40.

Nonsense[241] es un género jocoso y figura literaria que puede ser expresado en verso o en prosa e incluso de un modo "libre" normal, buscando generar juegos de palabras que trasgreden las formas comunes de la sintaxis y la semántica, juegos que resultan extraños, comúnmente humorísticos y absurdos. Literalmente el galicismo nonsense significa sin sentido (…) El nonsense está ligado con las rimas y formas de hablar infantiles que aparecen dilatadamente en rondas y juegos (…)

(…) El nonsense pertenece a una familia más grande de juegos de palabras, donde también cabe incluir a los Limericks de Edward Lear y las palabras maleta de Carroll y las greguerías de Ramón Gómez de la Serna, pero la característica más distintiva del nonsense es no tener sentido, ser decididamente absurdo.

Abundemos algo más sobre este asunto:

LOS NONSENSES

El humor, el juego y lo absurdo campean en esta poesía, cuyo mayor exponente es Edward Lear. Más que divertimento, en el nonsense hay otra realidad tan valedera como la que vivimos todos los días. X. J. Kennedy estudia este peculiar modo poético en "Nonsense riguroso y nonsense flexible: dos mundos de versos para niños."[242]

El nonsense trastoca la realidad en la medida en que trastoca el uso del lenguaje. Transgrede las convenciones y las rutinas al suspender todas las leyes científicas para hablarnos de hechos improbables e inverosímiles en un tono de juego e irrealidad, en el que el humor juega un papel fundamental. Su regodeo en la palabra lo lleva incluso a inventar todo un vocabulario que resulta poco menos que inusitado.

Tanto Edward Lear como Lewis Carroll llevaron el absurdo y el sinsentido a su máxima expresión con un lenguaje divertido, locuaz y a veces desfachatado, al plantear situaciones inverosímiles con la mayor naturalidad. En *Alicia en el País de las Maravillas*, Lewis Carroll escribe:

---

[241] https://es.wikipedia.org/wiki/Nonsense
[242] http://www.bancodellibro.org.ve/pdf/BL-Enlace6web.pdf

Al pasar por el jardín, de reojo pudo ver[243]
cómo el Búho y la Pantera compartían un pastel.
Ella eligió la corteza, la salsa y todo el relleno;
a él le tocaba el plato como parte del convenio.
Cuando el pastel se acabó, mientras él, como un favor
de la apacible Pantera, la cuchara se quedó;
ella, gruñendo, cogió el tenedor y el cuchillo
y el banquete concluyó...

Y en el Capítulo X de "La cuadrilla de la langosta" escribe:

Apúrate, caracol, le instaba una pescadilla,[244]
que nos persigue un delfín: la cola casi me pisa.
¡Con qué ansia las langostas y las tortugas avanzan!
En la grava aguardan todas. ¿Quieres unirte a la danza?
¡Que sí, que no, que sí, que no
la danza sí!

¡Que no, que sí, que no, que sí,
la danza no!

En el mismo sentido —o sinsentido— va Edward Lear, cuando
pone a navegar a los Jumblies en un cedazo:

EL ALOCADO VIAJE DE LOS JUMBLIES[245]

En tierras lejanas viven los Jumblies, simpáticos seres
diminutos con la cabeza verde y las manos azules.

Un día salieron a navegar, pero no en un barco...
¡sino con un colador!
Usaron de mástil una pipa de madera, de vela
un pañuelo verde guisante y para dormir
secos una taza de porcelana.

---

[243] Carroll, Lewis. *Alicia en el País de las Maravillas*, Fondo de Cultura Económica, 2012, p. 111.

[244] Ibídem, p. 106.

[245] Despeyroux, Denisse. *Seres diminutos del bosque*, Editorial Parramón, 2014, pp. 12-17.

Y todos les decían:

¡Es un completo error
navegar tan deprisa en un colador!...
(Fragmento)

De nuestro tiempo es Shel Silverstein, quien continúa con la tradición del nonsense, con un gran sentido del humor en sus libros.

TRES CENTÍMETROS DE ALTURA[246]

de *Shel Silverstein* (traducción de Gema García)

Si midieras tan solo tres centímetros
podrías montar en gusano para ir a la escuela.
La lágrima de una triste hormiga tu piscina podría ser.
Una miga de pastel un festín sería
durante al menos siete días.
Una pulga se transformaría en un terrorífico ser
si tuvieras tres centímetros de altura (…)

El poema anterior me recuerda las estrategias creativas de Gianni Rodari, específicamente el ejercicio 6 de su libro *Gramática de la fantasía*: «Qué ocurriría si…» Dice este autor:

La de las hipótesis fantásticas es una técnica muy sencilla. Su forma es, precisamente, la de la pregunta: Qué ocurriría si… Para formular la pregunta, se eligen al azar un sujeto y un predicado. Su unión proporcionará la hipótesis sobre la cual trabajar.[247]

Así, se pueden plantear las situaciones más absurdas e imaginativas:

- Qué sucedería si los leones fueran calvos…
- Qué sucedería si los espejos platicaran con los que se miran en ellos…
- Qué sucedería si las nubes cantaran cuando sale el sol…

---

[246] http://distanciasfields.blogspot.com/2015/04/distancias-3-primaria.html
[247] Rodari, Gianni. Ob. cit., pp. 29-31.

- Qué sucedería si los pájaros se convirtieran en frutos o al revés…
- Qué sucedería si la noche se llamara día…

Inventa más supuestos a partir del inicio: *Qué sucedería si…*
Un poema que escribí, sigue esta modalidad:

JUEGO DE MANOS NO ES DE VILLANOS[248]

Para *Eduardo* y *Tim*

Si tuviera las manos de tijeras,
sastre de telarañas quizá fuera.

¿Otro oficio? No creo boxeador.
Explíqueme con qué puños, señor.

Podría ser un profesor de esgrima.
Ignoro cómo, pero el verso rima.

A lo mejor sería karateca
en un rincón de oscura biblioteca.

Al saludar me inclinaría un poco.
¿Darles la mano? ¡Ni que fuera loco!

Al comer cortaría en diez pedazos
las pizzas, los jamones, los pambazos.

O visitara restaurantes chinos
a comer como come mi vecino.

Las manos de tijeras son un lío;
sobre todo en el invierno por el frío.

Cómo ponerme ropas de tirantes
o darle un cacahuate a un elefante.

---

[248] Suárez Caamal, Ramón Iván *Jugar*, ed. cit., pp. 34-35.

Mas tengo una ventaja, caballero,
puedo hablar con los pájaros si quiero.

Lenguaje a señas, lenguaje de ruido;
un poco molestoso a los oídos.

Los pájaros son canto, melodía;
mis manos de tijeras, alegría.

Tristrás, tristrás dicen sus picos.
Tristrás, tristrás yo les replico.

En fin, con estas manos de tijeras,
seré tu jardinero, Primavera.

Leamos otros ejemplos divertidos y absurdos:

1
Si las manzanas tuvieran dientes,[249]
mordiscos te daría dulcemente.

2
Si le pones sal a una serpiente,
parecerá una rosquilla crujiente.

3
Si al colegio te acompañara un canguro,
llevar los libros no sería tan duro.

Igualmente podrías escribir versos por pares en donde la imaginación y lo absurdo serían la regla. Escribí algunos:

¡Caramba!, si tuviera voz de sapo,
croao que sería un tenor muy guapo.

Si al hipopótamo lo pongo a dieta,
no dudaría en darle mi bicicleta.

---

[249] Glaser, Milton y Shirley. *Si las manzanas tuvieran dientes* (If Apples had Teeth, 1960), trad. de Estrella B. del Castillo, Libros del Zorro Rojo, Barcelona, 2017.

¿Será que si mi boca fuera pico
hasta las moscas me sabrían rico?

Si los peces dejaran su pecera,
los llevaría conmigo dondequiera.

Te propongo que escribas nonsenses a partir de algunas frases del *Bestiario* que describió Edward Lear.

El Asno Absolutamente Abstemio, que habitaba en un Barril, y vivía exclusivamente de Agua de Seltz y de pepinos adobados.

El Pato Engañanecios, que apresaba Ranas moteadas para la cena, con un Cucharón Roncero.

El Elefante Entusiasta que atravesaba las aguas en una Chalana con un Atizador y un par de Pendientes.

El Pez Zancarrón que siempre andaba con Zancos, porque no tenía piernas.

El Jilguero Juicioso y Jubilante, que cada mañana se adornaba el moño con una Corona de Rosas, tres Plumas, y un Alfiler de Oro.

El Indio Invencionero, que cazó un Conejo Notable por medio de un extraordinario Cacillo de Plata.

La Langosta Mañosa e Instruida que remendaba sus vestidos con una Hebra y Agujas.

El Papagayo Purpúreo y Perpendicular, que leía el Periódico con sus Gafas, y comía una Tarta de Chirivía.

La Vana y Avinagrada Codorniz que fumaba una Pipa de Tabaco subida a una Tetera.

El Avestruz Altivo y Adornado que usaba Botas para conservar completamente secas las patas.

La Serpiente Espiraloide que siempre llevaba un Sombrero en la cabeza, por miedo a morder a alguien.

La Tortuga Tumultuosa y Tamborilera que tamborileaba un Tambor todo el santo día en medio del yermo.

El Buitre Visiblemente Vicioso, que escribía Versos en honor de una costilla de ternera, en un Volumen encuadernado con Vitela.

(El Pez Fizzgiggious,que siempre caminaba sobre zancos, porque no tenía piernas.)

EL PEZ FIZZGIGGIOUS

Un pez con zancos
salta en los bancos
de arena fina;
¿cuándo en la cocina?
¿O en mi sartén?
Sería un tren
este pez blanco
si en vez de zancos
usara ruedas.
¿Será que puedas
un empujón
dar al zancón?

(El Asno Absolutamente Abstemio, que habitaba en un Barril, y vivía exclusiva-mente de Agua de Seltz y de pepinos adobados.)

Un Asno Absolutamente Abstemio
que antes fue parrandero y bohemio
vivía en un barril
de ron que muy gentil
le regalara un cantinero:
¡A tu salud, compañero!,
coreaban los transeúntes al pasar
donde el pollino levantó su hogar.
El asno resentía ese mal trago
al oírlos. Mas aliviaba el estrago

al beber el agua mineral
de marca Seltz, ya que olvidaba su mal
y era aún más feliz si añadía un pepino
con sal, pimienta, clavos y comino:
—Se me quitará lo enojado
cuando muerda este pepino adobado.

A continuación van ejemplos de árboles extraños.

BOTÁNICA NONSENSE- FLORA

El Árbol de los Cepillos

Este fenómeno natural, de los más útiles, no produce muchos cepillos para vestidos, lo que explica por qué los susodichos objetos se venden tan caros. Es superfluo, me parece, extenderse sobre la naturaleza toticepillosa de esta legumbre extraordinaria.

El Árbol de los Cometas

Es una legumbre pavorosa y terrible cuando un viento furibundo agita juntos todos los cometas. No me parece que haya de tener el árbol un uso particular en nuestra sociedad, pero sería frecuentado por los muchachos si supiesen dónde crece.

El Árbol de las Galletas

Esta notable producción hortícola no ha sido nunca descrita o definida. Como no se da ni en las cercanías de los llanos, ni en las del océano, las montañas, o los valles o los caseríos, su lugar favorito aún no ha sido determinado. Cuando las flores caen y el árbol se hace pedazos en galletas, el efecto no es desagradable, por poco apetito que se tenga. Si las galletas crecen a pares, crecen solas, y si caen, no permanecen péndulas.

El Árbol de los Tenedores

Este árbol agradable, fértil en sorpresas, no crece a más de 463 pies de altura. No se tiene noticia de ningún ejemplar que hasta ahora haya dado más de 40.000 tenedores de plata de golpe. Si se le sacude violentamente, es probable que numerosos tenedores acaben por caer y, en caso de vendaval, es posible que todos los tenedores entrechoquen horrorosamente, o emitan un tintineo capaz de seducir los oídos menos melómanos.

Escribe textos humorísticos a partir de alguno de estos inicios.

El árbol de las monedas
El árbol de los violines
El árbol de las computadoras
El árbol de los besos
El árbol de las pelotas de fútbol
El árbol de los pinceles
El árbol de los libros
El árbol de los diplomas
El árbol de los bigotes

Pongo un ejemplo que escribí:

El árbol de las monedas

Crece en medio de una fuente. Aquélla donde los turistas tienen la costumbre de arrojar monedas pidiendo un deseo. Su tronco retorcido como chorros de agua es de duro metal. Algunos mendigos de cuando en cuando se llevan sus frutos, antes lo muerden para saber si son de oro, plata o devaluado bronce.

Dibuja y describe y dibuja animales imaginarios. Algunas bestias de *El Zoo Absoluto*[250]

---

[250] Gorey, Edward. *El Zoo Absoluto*, Libros del Zorro Rojo, 2011.

El Crunk suele ser muy drástico
y hay que atarlo con un elástico.

El Kwongdzu tiene garras enormes:
En su carácter sobran atributos deformes.

Los limericks

Una Vaca que come con cuchara[251]
y que tiene un reloj en vez de cara
que vuela y habla inglés
sin duda alguna es
una Vaca rarísima, muy rara.

El Limerick es un poema jocoso de origen anglosajón. Se cree que procede de Irlanda. Fue popularizado por Edwar Lear en *Book of nonsense*, en 1846. Lo cultivaron Lewis Carroll, James Joyce, T. S. Elliot, entre otros.

En el Limerick, el procedimiento más utilizado por Lear consistía en lograr que la reaparición final de la rima del último verso y las palabras iniciales del primero pusieran de manifiesto el retrato caricaturesco y grotesco de unos personajes ridículos o patéticos, cuyas extravagancias solo podían encuadrarse en un mundo absurdo, enloquecido y, en no pocas ocasiones, no tan inocente como el universo tradicional de la literatura infantil.

There was an Old Person of Cromer,[252]
Who stood on one leg to read Homer;
When he found he grew stiff,
He jumped over the cliff,
Which concluded that Person of Cromer.

Había un viejo señor de Cromero
que se puso en un pie para leer a Homero.
Hasta que se quedó duro

---

[251] María Elena Walsh: *Zoo loco*, Alfaguara Infantil, Santillana Ediciones Generales S.A. de C. V., 2012, p. 11.

[252] http://www.imaginaria.com.ar/2011/12/erase-una-vez-una-vieja-que-trago-una-mosca-gris/

y se cayó de un muro,
lo que concluyó con el señor de Cromero.

En su país de origen se denomina *nonsense poetry*, es decir, poesía del sinsentido. A este rubro pertenecen los limericks, una forma estrófica que consta de tres versos endecasílabos (1, 2 y 5) y dos heptasílabos (3 y 4) con rima consonante.

Bornemann, escritora argentina de cuentos, canciones, novelas y piezas teatrales para niños y jóvenes, lo define como una especie de historieta en verso con situaciones muy disparatadas. Su estrofa puede representarse de este modo:

_____	11 A
_____	11 A
_____ 7 B	
_____ 7 B	
_____	11 A

La estructura de un limerick es la siguiente:

Primer verso: (11 sílabas) indica el protagonista.

Si cualquier día vemos una foca[253]

Segundo verso: (11 sílabas) contiene algunas características absurdas del personaje.

que junta margaritas con la boca,

Tercero y cuarto versos: (7 sílabas) expresan acciones disparatadas.

que fuma y habla sola
y escribe con la cola

Quinto verso: (11 sílabas) inserta un extravagante epíteto o adjetivo final.

llamemos al doctor: la foca es loca.

---

[253] Walsh, María Elena. *Zoo loco*, ed. cit., p. 16.

Quien escriba limerick debe buscar un rompimiento total con el mundo real. La fantasía es su fuerte, pero además busca el lado chusco de las cosas. Su meta es provocar una carcajada, sumergirse en la sana alegría de reírse de todo, de romper con lo acartonado y serio de la vida razonable.

Disparatada, irreverente, extraña, asombrosa, esta poesía del absurdo distorsiona la realidad como si la viéramos en la sala de los espejos de una feria. A veces cae en lo grotesco, pero las más, en lo humorístico.

María Elena Walsh fue quien adaptó esta forma poética a la lengua española y, en especial, a la poesía que se escribe para el público infantil.

> Un canario que ladra si está triste,[254]
> que come cartulina en vez de alpiste,
> que se pasea en coche
> y toma sol de noche,
> estoy casi seguro que no existe.

Gabriel Janer Manila, en Pedagogía de la imaginación poética (p. 67), afirma que estos poemas apasionan especialmente a los niños por la extravagancia de los versos, por la fantasía de las rimas, por los disparates que contienen las historias, por la distorsión que muestran.

> Asidua comensal, una piraña[255]
> del Amazonas, tiene horrible maña:
> No se asea la pilla,
> sus dientes no cepilla,
> solamente los sábados se baña.
>
> *Ramón Iván Suárez Caamal*

EL LANZADOR DE CUCHILLOS[256]

> Mírenlo, inmóvil, mudo, sobre un zanco;
> con sus cuchillos siempre da en el blanco;

---

[254] Ibídem, p. 1.

[255] Suárez Caamal, Ramón Iván. *Lotería de animales*, libro inédito.

[256] Suárez Caamal, Ramón Iván. *El circo de don Ramón*. Editorial Nave de Papel y Ediciones Insoportables, 2019. p. 46.

aplaudan, echen flores.
¡Qué proeza, señores!,
porque además de miope
             estaba manco.

Y este otro sobre un instrumento musical:

Aquella tuba dos conciertos tuvo[257]
pero tan gorda está que no hubo
quien le diera otro beso.
Así que por su peso
a esta tuba mandaron por un tubo.

Escribe en su secuencia y distribución versal adecuada este limerick.

a todos los turistas/se acicala las alas, posa un rato/un dólar cobra
por cada retrato/un pelícano de Cozumel nato/como se siente artista

    _____

    _____

    _____

    _____

    _____

Escribe las palabras que faltan.

Dicen que quien lo dijo fue la _____
—no sé si en Curazao o en Manila—
al saludar a un pargo
con un beso muy _____:
—Una disculpa, se prendió mi _____.

Si la foca se casa con un _____,
¿tendrán luz sus hijitos, mucho, poco?
¿Dirán tía a la _____?
¿Recargarán su pila
en los nunca, tal vez y los tampoco?

---

[257] Suárez Caamal, Ramón Iván. Poema inédito.

Identifica personajes (pueden ser los de los cuentos, personas con alguna característica sobresaliente o extravagante, animales, objetos).

- Señálale alguna característica absurda.
- Atribúyele acciones disparatadas.
- Añade en el último verso un adjetivo singular o epíteto.
- El verso final acepta algunas de las variantes que Gianni Rodari menciona en su Gramática de la fantasía: reacción de los lectores, represalias más serias.
- Trata de respetar la medida de los versos y emplea la concordancia de las rimas como lo pide el limerick.

Te proporciono algunos inicios. Inventa otros y escribe tu limerick:

> Este era un elefante gordo, gordo…
> ¿Sabías que Pinocho nunca miente?
> Un músico galés que gaita toca…
> Aquella señorita escandinava…
> Un señor que vivía en una cueva…
> Mi perro pequinés no ladra en chino…
> Un reloj de pared tengo en mi casa…
> Una tortuga que camina lento…
> Un ciclista que vive allá en Holanda…
> Un contador de cuentos que es de Cuba…

> Este era un elefante gordo, gordo;
> pero además estaba sordo, sordo.
>
> _____
> _____
> _____

> ¿Sabías que Pinocho nunca miente?
> O su nariz le crece cual serpiente.
>
> _____
> _____
> _____

LA PARODIA

La parodia es otro procedimiento que nos lleva al humor. El diccionario la define como una imitación burlesca o irónica, generalmente en verso, que se hace de otra obra, estilo, escritor o género, en el que se exagera y satiriza sus características esenciales. Roald Dahl en su libro Cuentos en verso para niños perversos usa con maestría este recurso al escribir su versión de algunos cuentos infantiles tradicionales: La Cenicienta, Juan y la habichuela mágica, Blanca Nieves y los siete enanos, Rizos de Oro y los tres osos, Caperucita Roja y el Lobo, Los tres cerditos.

Las situaciones que plantea propician carcajadas: Cenicienta es una chica rebelde, baila con el príncipe piezas musicales de la actualidad, sus hermanas le esconden su zapato y al hacerse pasar por Cenicienta y por feas, el príncipe les corta la cabeza y enloquece furibundo y aún a Cenicienta la quiere descabezar. Aparece el Hada Madrina y salva la situación al conceder otro deseo a Cenicienta, lo que le da un final distinto a la narración:

> Y en menos tiempo del que aquí se cuenta
> se descubrió de pronto Cenicienta
> a salvo de su Príncipe y casada
> con un tipo que hacía mermelada.
> Y, como fueron ambos muy felices,
> nos dieron con el tarro en las narices.

Es más fácil escribir las historias en versos pareados con rima consonante. Por ese camino de la parodia van los otros cuentos, lo que da lugar a situaciones que mueven a la risa. Estas particularidades hacen que las historia sean sumamente divertidas.

Posiblemente fue Gianni Rodari[258] quien inspiró a Dahl para escribir estas variantes jocosas de los cuentos populares. El pedagogo italiano plantea alguno ejercicios entretenidos en *Transformando historias, Caperucita Roja en helicóptero, Los cuentos al revés, Qué ocurre después* y *Ensalada de cuentos*. Por ejemplo, plantea esta situación: Caperucita Roja es mala y el lobo es bueno. ¿Qué podrías escribir de Pinocho o de algún otro cuento que conozcas?

---

[258] Rodari, Gianni. Ob. cit., pp. 56 - 65.

LECCIÓN 24

EL CALAMBUR Y LOS PALÍNDROMOS

EL CALAMBUR

¿Qué es el calambur? ¿El nombre de una medicina? ¿Un animal marino en peligro de extinción? Nada de eso, sino gimnasia verbal, malabarismo de las palabras, pues ellas son traviesas, juegan a las escondidas, se guardan unas dentro de otras. El calambur se produce cuando se unen las sílabas contiguas de dos palabras y forman nuevos vocablos con significados distintos.

Aparece, de manera involuntaria, en unos versos de Garcilaso de la Vega, poeta español del siglo XVI, en una de sus églogas o poemas de pastores: *El dulce lamentar de dos pastores*. Quedaría así:

El dulce **lamen tarde** dos pastores…[259]

Se emplea mucho en las llamadas falsa adivinanzas:[260]

Oro no es, **plata no** es. Adivina lo que es./Lana sube, **lana baja** y el viejito la trabaja./Blanca por dentro, verde por fuera. Si quieres que te lo diga, **espera**./**Te la** digo, te la digo, te la vuelvo a repetir; te la digo veinte veces y no la sabes decir.

En un poema del mexicano Xavier Villaurrutia asoma el calambur:

Y mi voz que madura[261]
Y mi voz quemadura
Y mi bosque madura
Y mi voz quema dura…

---

[259] Marchamalo, Jesús. Ob. cit., p. 52.

[260] Plátano, la navaja, es pera, tela.

[261] Marchamalo, Jesús. Ob. cit., p. 52.

Algunas palabras contienen otras. Por ejemplo:

> Soldado: sol/dado,//pantalón: pan/talón,//camaleón: cama /león (y si tomamos en prestamo la misma letra o sílaba para ambas) monitorear: monito/torear,//paredes: par/redes, amortajados: amor/tajados

Veamos un largo ejemplo de Darío Lencini:[262]

> El mar y no tu telar. El mar y no el ejido, el mar y no su eco. Su cumbia y no su fría razón ando buscando. Su eco sensual malográndose oí. Oí el mar y no su cítara. Oh, Dios, ¿si con su sal forja cien aguas el mar y no tu telar, se asea la mariposa encubierta?

> *El marino tutelar. El marino elegido, el marino sueco. Sucumbía y no sufría razonando. Buscan dos huecos en su alma logran doce, oh. Y hoy el marino suscitará odios, ¿si con sus alforjas y enaguas el marino tutelar se hace a la mar y posa en cubierta?*

Encuentra las palabras dentro de las palabras de las siguientes: candado, verdadera, vidas, pepenar, algodón, tiovivo. Busca otras donde hayan palabras escondidas.

Encuentra el calambur de las frases siguientes. Recuerda que la ortografía puede variar.

> El Hacedor mira un ave sin alas timada.
> Elena no vino.
> El hada madrina.
> El enamorado logra varón.
> Útiles de jardinero.
> No se aburra. Me aburro.
> Quien conociera a María.
> ¿Por qué lavo la rueda?
> Yo no lo sé, de cierto, lo supongo.
> La vestía de azul.
> Verde la tortuga. Lo pedí amoroso.

---

[262] http://www.juegosdepalabras.com/calambur.htm

Contagiado por estas acrobacias verbales, escribí algunos:

Tomate verde.
Toma té verde.

La garza, pato: dos aves.
Lagar, zapato, dos aves.
Lagar, zapa todo, ¿sabes?
La garza pa' todos aves.

Álamo, amo, alamedas.
Al amo amo, ala me das.

Y hasta esta adivinanza con un calambur:

Elena no vino
y Elena llegó.
Si no vino Elena,
¿quién la acompañó?

Intenta hacer tus propios calambures. Lee estos dos poemas que incluyen uno que otro calambur:

CUANDO VAYA DE PASEO A MARTE[263]

Cuando vaya de paseo a Marte
lo haré en mi bicicleta y ya;

te prometo que habré de llevarte
pues muy fácil amarte será.

En mi bici puedo ir a Marte
a cortar la rosa que quiero darte.
Las rosas marcianas tienen tres ojos,
mas los dos míos para mirarte.

---

[263] Suárez Caamal, Ramón Iván. *Isolda y Tristán*, libro inédito.

Cuando vaya de paseo a Marte
con una rosa, mas tus sonrojos,
qué dichosos serán mis ojos
por amarte, a Marte, amarte.

ABEDUL[264]

Abedul, árbol de mármol,
te vi una vez cerca del río
y al solo verte ya era mío
el ave dulce de tus cantos.
Arbolé de verde ver,
verde verte,
abedul, ave dulce,
cirio pascual en cuya punta
ardía un sol de invierno
y eras un faro entre la bruma,
alto abedul de mi cuaderno.
Abedul, abedules:
cielo de tulipanes,
de tul y panes,
Abedul, avedulce,
tú que escuchas al viento,
dame la gracia, el sentimiento
de amar la luz de cada día;
dale a mi corazón la melodía
que ven mis ojos niños.
Abedul, sé el ave dulce de mi poesía.

¿Y si escribes algún poema donde emplees el calambur?

---

[264] Suárez Caamal, Ramón Iván. *Al álamo al amor*, libro inédito.

LOS PALÍNDROMOS

Asirnos al amor aroma la sonrisa.

Esta hermosa frase de la escritora Ulalume González de León puede leerse de izquierda a derecha y de derecha a izquierda y dice lo mismo. Es un palíndromo. Desde hace muchos años tengo la obsesión de jugar con el lenguaje y me ocupo de estas frases y textos tan especiales. No sé ahora, pero antes, en la escuela primaria y secundaria, nos ponían en contacto con estas joyas del idioma.

Muchos conocemos los famosos: ANITA LAVA LA TINA. O igualmente: DABALE ARROZ A LA ZORRA EL ABAD. Frases que nos acompañan aún y que de alguna manera nos ponen en contacto con el idioma y nos permiten descubrir las joyas que relumbran escondidas del tesoro lingüístico.

Hay desde palabras hasta textos larguísimos: ANONA, RECONOCER, RADAR, ANA, OJO RAYAR, RAPAR, ANILINA, SOMETEMOS hasta frases como SAPOS Y SOPAS. Igualmente algunas palabras tienen otro significado si se leen de derecha a izquierda y son buenas para hacer palíndromos:

lámina/animal//lava/aval//ataca/acata//educa/acude//rata /atar//ramo/Omar//Roma/amor//sol/los//sal/las//Amir/ rima//Eva/ave,//sala/alas, etc.

También algunos vocablos presentan una letra que sirve como eje para formar la frase. Por ejemplo: damas en donde la s es el punto de unión que permite ampliar la frase:

Dama s amad.

O bien:

Damas, oíd/a/Dios: amad.

Hay palabras que por sí solas dan lugar a palíndromos completos cuando las desdoblamos:

Anagrama: amar gana.
Anagrama mar gana.
Los anagramas amargan al sol.

Escribe las palabras que faltan:

Otitis: _____
Siglos: _____
Paralela: _____
_____ paloma.
Luz _____ .

U otras a las que solo se les añade una letra para crear el palíndromo:

Mercería
aire, crem…
Aire, crema, mercería.

Escribir palíndromos es pescar en el espejo de las ideas para atrapar estas criaturas abisales, y deviene en una actividad divertida para quienes el ocio productivo permite enfrascarnos horas y horas en la lucha contra las fuerzas del pez oscuro de la palabra, o para quienes aman el idioma y como gambusinos extraen sus tesoros.

Durante los talleres literarios que di por varios años, esta era la actividad predilecta en los inicios para mostrar que la palabra es un ente vivo y que en las entrañas del idioma late la tormenta verbal. Se puede trabajar de dos modos: se localiza una palabra y se le va expandiendo del centro a la periferia o de los extremos derecho e izquierdo hacia el centro. Por ejemplo:

```
                    OLAS
                        SAL  O
        LAS         OLAS  SAL O
        LAS         OLAS  SAL O   SAL
```

Otro ejemplo:

```
                     PLANETA
         ATEN AL P        PLANETA
         ATEN AL PAPA       PLANETA
```

Si queremos utilizar una palabra que sea palíndromo —digamos, ANONA— y otras que se lean distinto de izquierda a derecha y de derecha a izquierda como EVA y OID, saldría este texto:

```
                     ANONA
             LA    ANONA    AL
       EVA  LA    ANONA   AL   AVE
   OID,  EVA  LA    ANONA   AL  AVE  DIO
```

Es cuestión de dejar correr la vista de derecha a izquierda y vice-versa, e ir aumentando letras que formen nuevas palabras con cierto sentido y que conserven esa doble dirección de lectura. No es difícil, claro que se necesita paciencia, perseverancia y disfrutar el juego. Lo importante es aumentar letras a la derecha, a la izquierda y en el centro de la frase. Miremos algunos ejemplos:

> Se es o no se es.
> Yo hago yoga hoy.
> Sorberé cerebros.
> Yo de todo te doy.
> Si es nueve, ve un seis.
> La roca da coral.
> Amar es ser: ama.
> Regina ama a Níger.
> Los romanos son amor, Sol.

Me permito mostrar algunos de los mejores palíndromos de los participantes del taller literario —adolescentes en ese tiempo— y algunos míos.

> Recé, debo obedecer.
> Ser olfato, gota, flores.
> Sé orar: raro es.
> Raro llorar.

Caso especial fue el de Edilberto Euán Álvarez, un adolescente que tenía un talento excepcional para estos artefactos verbales y descubrió más de cien palíndromos, además de que exploraba el lado chusco del lenguaje y utilizaba regionalismos. Cito algunos:

> Esa dañará a la araña. Dase.
> La moral, claro mal.
> Amor, Balam; mala broma.
> Supremo: como comer pus.

Otro excelente palindromista fue Daniel Cabrera Padilla, quien escribió una centena y hasta un haikú palindrómico:

> Allá caí, se opone: no poesía, calla
> ¿Tu mamá? ¡Mamut!
> ¿La creación? Oí caer cal.
> ¿Se nota matones?

HAI KÚ

> Arbol, atas a
> ese mal; llámese.
> Asa tal obra.

Vienen algunos más:

> Azul rema la merluza.
> Sana, lleva avellanas.
> Al reconocerla, Aldama, amadla al reconocerla.
> A ti lobo bolita.

Darío Lencini escribe un poema que es un largo palíndromo:

LA MAR[265]

> ¡Ah! El anís es azul al ocaso.
> Claro, la canícula hará mal.

---

[265] Marchamalo, Jesús. Ob. cit., p. 37.

Alejábase bello sol.
¡Sumerge la usada roda!
A remar.
¡A la Habana, bucanero Morgan!
Oleaje de la mar…
¡Al remo! ¡Corre!
Playas…
Ay, al perro comer la rama le
deja el onagro, morena cubana.
¡Bah! A la ramera adorada su
alegre muslo Sol le besa.
¡Bajel a la mar! ¡Ah!
Alucina calor al cosaco.
La luz asesina le hará mal.

¿Qué tal si se animan a pescar en el espejo del lenguaje sus palíndromos? Y hasta escribir poemas que los contengan. Están invitados.

LECCIÓN 25

TEMAS PERTURBADORES

En la literatura y, especialmente en la poesía dirigida al lector infantil, hay asuntos que no se tratan o de los que se escribe rara vez. Priva la creencia de que al niño hay que protegerlo en una burbuja de cristal para que nada perturbe su inocencia idílica. Cuando se escribe de estos temas, se les aborda desde una perspectiva moralista o pedagógica para promover valores éticos y lo artístico es relegado en aras de lo "moralmente aceptable". O bien, si algunos escritores incursionan en esta temática, la censura arrincona sus libros o se inhibe su distribución, mas la realidad que todo lo contrasta, hace añicos tales prevenciones.

Entre estos tópicos podemos mencionar las conductas no aceptadas socialmente: la envidia, el odio, la mentira, la traición, la guerra, la violencia gratuita, el desprecio, la burla, el rencor, la avaricia, el ansia de dominio, la discriminación, etc.; igualmente, algunos temas inquietantes como el suicidio, el abandono familiar, el acoso, los conflictos emocionales, los secretos familiares y los finales poco esperanzadores. Aun el miedo y sus gradaciones: el terror y el horror figuran en esa lista. Fanuel Hanán Díaz[266] hizo un estudio bastante amplio del asunto:

> Considero que la perturbación, en principio, es un fenómeno de recepción, ya que se activa de acuerdo con ciertos contenidos que están en el texto y ciertas experiencias que están en la psique del lector. Hay libros que en su conjunto tienen la particularidad de plantear indagaciones sobre aspectos que conforman la sombra colectiva, y es por esto que los asumimos como perturbadores. Hay libros que no son tan universales, pero tocan la sombra particular de un lector, y hay otros donde lo perturbador se entreteje como parte de la trama discursiva.

---

[266] http://literacidad-critica-y-educacion.blogspot.mx/2011/09/libros-perturbadores-fanuel-hanan.html

Como fenómeno de recepción, la perturbación va ligada a la intolerancia que tenemos como lectores para aceptar nuestra sombra. Creo que, paradójicamente, somos los adultos quienes asumimos con mayor dificultad estos aspectos oscuros, que nos esforzamos por proyectar una imagen perfecta de nosotros mismos, que nos resistimos a incorporar esa sombra como parte integrada de nuestra personalidad...

Hanán Díaz apunta algunos mecanismos que los narradores utilizan para crear sus textos y que también son válidos para los poetas:

- Imágenes insertadas en un contexto ajeno que provoca la chispa de lo extraño que lleva a sensaciones inquietantes en los lectores.
- Abordar la escritura desde la perspectiva de algún individuo con problemas emocionales o enfermizos que lo desbordan.
- Temas inquietantes que se mencionaron líneas arriba: la muerte, el suicidio, el abandono materno, las conductas antisociales, etc.
- Creación de mundos paralelos que hacen tambalear el que aceptamos como real.
- El descubrimiento de secretos personales o familiares inquietantes.
- Finales poco esperanzadores.

En la poesía anónima popular hay ejemplos de versos francamente escabrosos y aterradores, que muchas madres decían en voz alta a los niños cuando no querían irse a dormir. Yo recuerdo haberlos oído en mi infancia:

> Cachito, Cachito
> mató a su mujer,
> la hizo en tamales,
> la salió a vender...

Los narradores son los que han avanzado mayormente en estos terrenos que la poesía aún no se atreve a tocar. No obstante, hay pioneros. Uno de ellos es Edward Gorey, el cual inspiró a Tim Burton y es deudor de Edward Lear, ya que los tres escriben e ilustran sus libros de versos. *Los pequeños macabros*,[267] de Gorey, es un abecedario en el que cada letra corresponde a un niño diferente que sufre una muerte de lo más pintoresca.

---

[267] http://www.taringa.net/posts/paranormal/11552011/Los-pequenos-macabros-El-oscuro-abecedario-de-Edward-Gory.html

La A es de Amy, que se cayó de las escaleras.
La B es de Basil, atacado por osos.
La C es de Clara, que se consumió.
La D es de Desmond, que fue arrojado de un trineo.
Y así continúa con cada una de las letras del alfabeto.

Tim Burton crea una galería de niños extraños en su libro La melancólica muerte de Chico Ostra: el Chico Robot, la Mirona, Chico Mancha, la Chica Vudú, Chico Ostra, Chico Momia, Desperdicia, Lady Alfiletero, Cabeza de Melón, Chico Ancla. Estos niños solitarios muestran su particular modo de ser que los aparta del mundo que llamamos normal. Tim Burton sigue la tradición de sus predecesores porque acompaña sus versos con dibujos propios. Tanto en los poemas como en las ilustraciones la crueldad y la ternura, lo macabro y lo poético se mezclan.

CABEZA DE MELÓN[268]

Había un niño taciturno,
de hombre y melón un injerto.

Tenía el ánimo nocturno
por desear tanto estar muerto.

Pero hay que tener cuidado
con qué cosa se desea.
Pues él acabó en jalea
tras un pisotón bien dado.

Luigi Amara publicó *Las aventuras de Max y su ojo submarino*, libro que va con el estilo de Gorey y Burton. El poema "La chica clorofila" es un ejemplo de lo anterior. Lo puedes escuchar en internet.[269]

Esta es la historia de María Camila
que en vez de sangre tiene clorofila…

[268] Tim Burton: *La melancólica muerte del Chico Ostra*, Editorial Anagrama, 2012, pp. 102.103.
[269] https://m.facebook.com/watch/?v=677561409760159&_rdr

En su rama de siempre, como un loro
que repite lo mismo: "hoy no, mañana,
y hoy sigue siendo hoy, ¡cotooorrrrrro!",
Camila se columpia en una liana (...)

¿Qué opinas del siguiente poema en el que se entreteje la inocencia
y crueldad de una niña?

CUCÚ, SEÑOR OSO[270]

Viviridá vadá.
Viviridú vudú.
Para que más me quiera,
es que lo asusto: ¡Buh!

Amo, en verdad amo
al oso alfiletero
con dos botones en la cara,
que abre los brazos
y también me quiere.
Aunque nunca se sabe
si dejará de amarme
pues hay oseznos y zorritas
suaves, suaves, suaves.

Viviridá vadá...

Para que no se vaya
le clavé trece alfileres
cerca de su corazón,
le arranqué uno de sus ojos
y le hice cosquillas con las tijeras.
Osito de pana,
bebé de peluche,
¿te pongo a dieta y saco
el algodón de tu barriga?

Viviridá vadá...

---

[270] Suárez Caamal, Ramón Iván. *Viviridú*, Editorial Nave de Papel y Ediciones Insoportables, 2020. pp, 57-59

¿Aprieto el moño de tu cuello
hasta mirarte pálido?
¿Muerdo tu nariz de chocolate?
Amiga aguja,
aguja aliada,
mi novio está triste,
hay que coserle las heridas
con la víbora del hilo,
decirle al querubín amor
que le dispare más alfileres
al centro de su corazón.

Viviridá vadá…

El amor duele,
el amor duele.
Taralín taralando,
con el oso estoy bailando.
Taralín taralero,
te amo, alfiletero.
Taralín taraló,
el oso se desmayó.

Di qué sensaciones te transmite el texto siguiente:

¿Conoces a Jack?[271]

Jack con un destornillador desarma sus juguetes.

Al carro de bomberos le cambia una de sus ruedas
por el botón del ojo de su oso de peluche;
el armatoste corcovea dando tumbos.

Jack ríe por su genial invento.

El niño disfruta al deshojar sus libros,
hace pelotas y las avienta a los retratos.

---

[271] Suárez Caamal, Ramón Iván. *Monstruos, esculturas y otros sucesos singulares.* Libro inédito.

A la muñeca de trapo de su hermana
le corta la trenza, amarra los pies
con ese lazo y la mece como a un péndulo.

Cuando el impulso se detiene,
con las tijeras dibuja garabatos
sobre el corazón de tela de la niña.

Jack sonríe en una callejuela de su cuarto.

Como no tiene amigos juega solo,
Su pasatiempo favorito es sacarle la estopa
a sus muñecos, destriparlos, dicho de otro modo.

Colecciona resortes, ojos, tuercas.

El buen Jack, el Jack dichoso,
tal vez en un futuro sea carnicero,
guardián del orden, cirujano.

Su sonrisa es una llaga, una daga
que brilla en la oscuridad de su inocencia.

Un poco en la línea de Gorey y Burton, hice estos versos.

A LA MATATENA[272]

Con los huesos que sobraron de la cena
la niña caníbal hizo sus matatenas,
las anudó con tripas de ballena
y arrojó un cráneo muy quitada de la pena.
Mientras botaba y rebotaba luna llena,
cogió los astros que estaban en la arena:
primero uno, luego dos, media docena.
¿Quieres jugar con ella a la matatena?
Al que pierda se lo comen en la cena.

---

[272] Suárez Caamal; Ramón Iván. *Viviridú*, Editorial Nave de Papel y Ediciones Insoportables, 2020. pp. 12-13.

Escribe un poema en prosa o en verso libre que desarrolle alguno de los temas perturbadores que se mencionaron anteriormente. Lee y comenta éste que se refiere al divorcio y cómo influye en la conducta infantil.

¿Con melón o con Sandía?[273]

Me jalan del brazo izquierdo,
tiran del derecho;
mi corazón de papel se rompe.
Deben saber que a los dos necesito.
Doy vueltas y vueltas y no duermo,
cada vez más diminuta,
nadie canta para espantar mi miedo.
Pronto quedará de mí solo un charco,
un pañuelo que se hunde,
una hormiga sobre la hoja seca,
una sombra verde sobre la hormiga,
una muñeca a la que le jalo las trenzas,
una araña de ocho, diez o veinte patas
que presiona mi rostro,
un lápiz que se hunde en mi diario mil veces.
La gotera insiste con los dos sordos.
Yo me voy a jugar:
Piedra, papel, tijeras.
Piedra, papel, tijeras.
A puño cerrado gana
mano que dio bofetón;
a dedos que punzan costillas,
nudillos que golpean;
a papel, tijeras que trozan.
Entrecruzo los dedos de ambas manos
y hago con ellas el techo de mi casa.
Papá, mamá, no me jalen
ni hagan arreglos para que brinque con un solo pie
sobre el avión que me abandona
a pesar de que le arrojo la suela de mis zapatos.

---

[273] Ídem. pp. 51-53.

¿No ven que tiene punta mi compás?
Giraré, giraré para que sean el círculo perfecto
y yo duerma en su interior y pase el hipo.
¿No miran que guardé mis agujas en su caja?
Si salen se clavarán en su ropa.
Mamá, escondí tus tijeras.
Papá, extravié tu martillo.
Ya dibujé a nuestra casa una chimenea
de la que brotan palabras que se confunden con la lluvia.
¿Estoy castigada frente al muro porque me porté mal?
El vaivén del sillón aplasta mi silencio.
¿Con quién te vas? ¿Con quién te quedas?
El cuco del reloj pescó una mosca verde
y me convida su cereal con alas.
No tengo apetito.
Pero, ¿saben que quiero?
Una rebanada de melón y otra de sandía
para mis dientes feroces.

LECCIÓN 26

LA CANCIÓN: LENGUAJE DE LOS SENTIMIENTOS

HERIDO DE AMOR[274]

Amor, amor
que está herido.
Herido de amor huido;
herido,
muerto de amor.
Decid a todos que ha sido
el ruiseñor.
Bisturí de cuatro filos,
garganta rota y olvido.
Cógeme la mano, amor,
que vengo muy mal herido,
herido de amor huido,
¡herido!
¡muerto de amor!

Federico García Lorca

¡Como se tejen las palabras! Vuelan y se entrecruzan como un enjambre de abejas o un festín de mariposas. Los sentimientos extienden sus alas, nos envuelven, nos dicen al oído sus verdades y mentiras. El amor y el desamor en estos versos parecen flechas que buscan nuestro corazón. Qué manera de decir lo que debe callarse, de callar lo que necesita decirse y es, entonces, cuando surge esta danza verbal.

Y tú: ¿Te sientes feliz? ¿O triste? ¿Estás emocionado y hay música en tu corazón? ¿Alguien al fin se dio cuenta de que existes y te ha mirado y te ofreció una sonrisa? Las mariposas que revolotean en tu estómago hacen que tartamudees. ¡Y tanto es lo que quieres decir!

---

[274] http://www.camino-latino.com/spip.php?article148

Escribe una canción para que libremente, con palabras casi brisa, casi humo, expreses tus sentimientos.

Lee y observa como el poeta español Juan Ramón Jiménez —autor de un hermoso libro titulado Platero y yo—, ante la hermosura del canto de los pájaros, a los que no ve aunque sí escucha, crea estos versos admirables:

CANCIÓN DE INVIERNO[275]

Cantan. Cantan.
¿Dónde cantan los pájaros que cantan?

Ha llovido. Aún las ramas
están sin hojas nuevas. Cantan. Cantan
los pájaros. ¿En dónde cantan
los pájaros que cantan?

No tengo pájaros en jaulas.
No hay niños que los vendan. Cantan.
El valle está muy lejos. Nada…

Yo no sé dónde cantan
los pájaros —cantan, cantan—
los pájaros que cantan.

Juan Ramón Jiménez

A la canción corresponde lo que sentimos en nuestro interior: en ella, el mundo y tú son uno solo. Con la canción –lenguaje de los sentimientos- puedes externar con mayor fuerza y originalidad tus estados de ánimo. El poeta-niño que eres tendrá alas en los pies, redes en el alma para perseguir y capturar sus emociones.

Tu afectividad deberás expresarla a partir de los seres y objetos de tu alrededor o de circunstancias concretas que has vivido. Juan Ramón Jiménez lo hace quizá al evocar una mañana cuando salió al patio atraído por el bullicio de las aves escondidas en el follaje.

Los versos de la canción están hechos de sensaciones y sugerencias. Revelan misterios y aluden a los secretos del alma. Metáfora, ritmo del verso, música de las palabras exteriorizan tus vivencias y emociones

---

[275] Villazán Povedano, Juana. *¿Dónde cantan los pájaros que cantan?*, Combel Editorial, 2006, p. 16.

en un decir sin decir, partiendo de un hecho concreto, de una vivencia personal que experimentaste. Si quieres escribir una canción, se sugiere emplear el procedimiento siguiente:

Adéntrate en el estado emotivo que te conmueve, piensa y piensa en él, evoca las situaciones, paisajes o circunstancias que lo produjeron. Vuelve a este sentimiento una y otra vez como si contemplaras los círculos concéntricos que hace una piedra arrojada a un estanque. En el centro de ese círculo coloca aquello que te mueve emocionalmente: la tristeza por un paisaje de árboles sin hojas, el recuerdo por aquel-aquella de quien estás enamorado/a, algún recuerdo feliz o desdichado que te hace sonreír o te causa dolor, las gotas de rocío iluminadas por un sol tempranero y, con ello, tu temor ante la muerte, etcétera.

Piensa en qué palabras podrás apoyarte para expresar tus emociones. Ellas serán la clave de tu expresión y deberán remitirte al centro de tus preocupaciones o alegrías. Esas palabras las irás repitiendo cada vez que tus emociones lo pidan o el desarrollo del poema lo necesite. Será tu intuición quien te guíe en este proceso.

Inicia la escritura de tu poema. Escribe aquellas palabras que te llevan a tus emociones, desarrolla imágenes e ideas, repite cada vez que sea necesario esas palabras-ancla que te permitirán ahondar en tus sentimientos. Así, el poema se desarrollará en un movimiento de círculos concéntricos que expresará con sugerencias lo que pasa en tu mundo interior. Juan Ramón Jiménez edifica su texto a partir de dos palabras: pájaros y cantan y con ellas ejecuta la ronda verbal de sus emociones. Veamos otro ejemplo escrito por Rafael Alberti:

CANCIÓN SIETE[276]

Se ha roto el río.
Pedazos de espejos rotos
navegan por todas partes.
Van espejos con caballos.
Espejos rotos, con árboles.
Se ha roto el río.
Desazogados cristales
rotos, azules y verdes,

[276] http://www.poesiagrupocero.com/seleccion/editados/2012/junio2012.htm

que no podrá juntar nadie.
Se ha roto el río.
Y el cielo, roto en el aire,
no sabe ya en dónde verse,
en dónde, roto, mirarse.

Cuáles son las palabras claves que se repiten? ¿Cuál es la situación extraña, poética que sucede? ¿Qué estado de ánimo transmite? ¿Qué frase emplea como estribillo?

Aquí está otra canción escrita por Federico García Lorca:

EL NIÑO MUDO[277]

El niño busca su voz.
(La tenía el rey de los grillos).
En una gota de agua
buscaba su voz el niño.
No la quiero para hablar;
me haré con ella un anillo
que llevará mi silencio
en su dedo pequeñito.
En una gota de agua
Buscaba su voz el niño.

(La voz cautiva, a lo lejos,
se ponía un traje de grillo.)

Hay un poema de José Gorostiza que me gustaría que conocieras y, si te parece bien, le inventaras una tonada. Es el siguiente:

¿QUIÉN ME COMPRA UNA NARANJA?[278]

¿Quién me compra una naranja
para mi consolación?

---

[277] https://docs.google.com/document/d/1Vd7emwP5ENt0htbSuzO2XGk6bo4p9e9RwA J3mMxEjAE/edit?hl=es&pli=1

[278] Serrano, Francisco. *La Luciérnaga. Antología para Niños de la Poesía Mexicana Contemporánea*, CIDCLI, S.C., 1983, pp. 32-33.

Una naranja madura
en forma de corazón.

La sal del mar en los labios,
¡ay de mí!
la sal del mar en las venas
y en los labios recogí.

Nadie me diera los suyos
para besar.

La blanda espiga de un beso
yo no la puedo segar.

Nadie pidiera mi sangre
para beber.
Yo mismo no sé si corre
o si se deja correr.

Como se pierden las barcas,
¡ay de mí!
como se pierden las nubes
y las barcas, me perdí.

Y pues nadie me lo pide,
ya no tengo corazón.
¿Quién me compra una naranja
para mi consolación?

¿Verdad que los sentimientos se expresan claros, hondos en las canciones? En una ocasión me propuse escribir canciones y, como condicionante, que fueran para el mundo infantil. Surgió esta, a partir de las palabras *limón*, *amarillo* y *Pájara Pinta*, aunado a cierto desencanto o tristeza:

LIMÓN AMARILLO

Limón amarillo,
prestame tu brillo,
verde limonada

y el canto de un grillo.
La Pájara Pinta
picó este limón;
sabía lo agrio
de mi corazón.
Por el agua de oro,
cuán enamorada,
dorado tesoro,
va mi niña amada.

Te comparto los versos de estas dos breves canciones que hice. Va la primera:

PASTORCILLA LA LUNA[279]

Con ecos de Lope de Vega

Cuántas ovejas trae el mar,
esquiladora.

Cuántas ovejas, la luna,
—de las mareas, pastora—.

Esquiladora,
es tiempo de la escarda
y del amor cortés.

Son de voz las esquilas.
Son de vos las esquilas
que escardan la noche
—oveja negra—.
Y las que escardan el silencio…

Esquiladora:
¿Cuántas ovejas lleva el mar?

---

[279] Suárez Caamal, Ramón Iván. *Palabras para armar tu canto*, ed. cit., p. 57.

Va la segunda:

> A falta de palabras[280]
> les traigo ruiseñores,
> los pájaros cantores
> dirán al alba que abra
> su cortina de flores.
> A falta de palabras
> un balido de cabras,
> esquilas, resplandores.
> Amor, a ti que labras
> la aurora con primores,
> te traigo ruiseñores
> a falta de palabras.

Finalizo con la letra de otras dos cancioncillas que escribí:

El cielo no tiene orillas[281]

> porque el mar las tiene todas:
> cielo y mar, azules bodas;
> cielo y mar, qué maravilla.
> Sí las tiene la semilla
> que en sus límites encierra
> el cielo, el agua, la tierra
> pues todo está en cada astilla.
> Aun el fuego de la nada
> en lo minúsculo brilla
> en la noche sin orillas
> de la mar que está encerrada
> en ráfaga y soplo suave.
> Que nos lo digan las aves
> o las nubes amarillas.
> Abre la mano, en tu palma
> encontrarás las semillas
> donde sueña sin orillas
> el cielomar de tu alma.

---

[280] Suárez Caamal, Ramón Iván. *Pregúntale al sol y te dirá la luna*, ed. cit., p. 31.
[281] Suárez Caamal, Ramón Iván. *Al álamo al amor*, libro inédito.

CANCIÓN ESQUIMAL[282]

Con un iglú por corazón
nunca dirás cuánto me quieres,
tiemblo de frío por tu amor,
en vez de sangre tienes nieve.

Muy triste aúllo en el glaciar,
dejé muy lejos la manada,
ya ni la aurora boreal
puso color a mi mirada.

La luna nueva es un kayak
por laberintos del deshielo,
con la esperanza de llegar
remo y te digo que te quiero.

Pon tu nariz en mi nariz,
osa polar de la alegría
e iré en trineo muy feliz
sobre los hielos, niña mía.

Te toca escribir tus canciones. Respira profundo, evoca algún momento cargado de emotividad que viviste, escribe tus palabras-ancla y deja que inicie la ronda de tus sentimientos.

---

[282] Suárez Caamal, Ramón Iván. *Isolda y Tristán*. Libro inédito.

LECCIÓN 27

ESTRUCTURA DEL LIBRO DE POEMAS PARA NIÑOS

La composición y estructura de un libro —sea dirigido o no a un público infantil— conlleva la misma intencionalidad. José Gorostiza afirmaba que un libro debe hacerse como si se levantara una catedral, es decir, más que la simple acumulación de diversos poemas pergeñados en distintos momentos, una estructura con conciencia de unidad temática, de enfoque o de estilo. Me permito comentar algunos de poesía, para el público infantil, que tengo a la mano.

Javier España, en el prólogo de *La suerte cambia la vida*,[283] asienta:

> La unidad temática, es decir, ordenar los poemas por secciones o algo parecido, como se hace en muchos libros, incluso yo mismo lo he hecho así, tuvo que ser intencionalmente transgredida, ya que las circunstancias que rodearon a esta estructura exigió colocar los textos con la apariencia real de cómo convive y vive el niño con las emociones y con los objetos, sumar cada cosa simultáneamente, sin reparar en el peso de las importancias adultas (…) una poesía desde la infancia y no una poesía para niños

También es el caso del libro *Los mirones son de palo*, de la autoría de Sergio Witz, en el que la voz poética corresponde a las reflexiones y observaciones de sus pequeñas hijas. E, igualmente, María García Esperón en *Tigres de la otra noche* nos presenta a una niña y su juguete preferido —un tigre de trapo—, en donde la voz lírica se presenta en primera persona como un narrador personaje. Imaginación, humor y una niña que viaja con su tigre de trapo por todas partes:

> Abrí el viejo baúl[284]
> y ahí estaba:

---

[283] España, Javier. *La suerte cambia la vida*, ed. cit., pp. 15-16.

[284] García Esperón, María. *Tigres de la otra noche*, Fundación para las Letras Mexicanas y Fondo de Cultura Económica, 2006.

enroscado entre mis cosas,
mis libros,
mis juguetes,
mis estampas.
Adormilado y contento,
con los ojos bien abiertos como un sueño.

En una reseña de "Los espejos de Anaclara"[285] se lee:

Los espejos de Anclara es el poemario ganador del Premio Hispanoamericano de Poesía para Niños 2008. Relata, desde la perspectiva de la
infancia, la fantasía de una niña que se mira al espejo e imagina que sus
ojos son dos puertas a través de las cuales puede entrar para descubrir
lo que está encerrado en su interior: sueños, miedos, dolores, alegrías y
anhelos. Es un libro que se desarrolla en el límite entre la realidad y la
fantasía y los conductos por los cuales éstas dos se comunican.

Y precisamente inicia con un texto que nos remite a un conocidí-
simo cuento infantil:

Espejo, espejito[286]
yo no quiero saber quién es más bella.
Solo dime tres cosas
espcjito:
quién soy
quién fui
quién seré.

Luigi Amara en *Las aventuras de Max* y su ojo submarino logra la
unidad en la estructura, primero, por la atmósfera que toca lo absurdo y fantasmal a la manera de las películas de Tim Burton de *El cadá-
ver de la novia*. Al tallarse las pupilas, Max se saca accidentalmente el
ojo derecho el cual rueda por el suelo, cobra vida y da lugar a una serie de aventuras de este ojo explorador. Este libro tiene tres secciones:
"Un ojo demasiado inquieto", "Retrato de familia" y "Los poemas del
ojo", cada cual con su dosis de humor y fantasía.

---

[285] http://fcecolombia.info.fennel.arvixe.com/LibreriaDetalle/ProdID/5996/CatID/
40/999376E#.YBMcYHdKj_Q

[286] Calvo, Mercedes. *Los espejos de Anaclara*, ed. cit.

Con respecto a mi libro *Huellas de pájaros*, la unidad se logra a partir de la forma particular de los poemas: los caligramas. Un niño (o un adulto que se reencontró con el niño que es) dibuja —¿a qué niño no le gusta dibujar?— animales, objetos, paisajes por medio de la distribución tipográfica de los versos.

Caso especial son los libros *Un latido a la vez*, escrito por Sharon Creech, una novela en verso libre que narra la vida de Annie, una niña de doce años que le gusta correr descalza acompañada de su amigo Max, pasa mucho tiempo al lado de su abuelo y le gusta dibujar. Se lee en la contraportada: "Max siempre está enojado, su abuelo está perdiendo la memoria y su mamá está esperando un bebé. Mientras realiza su tarea de arte —dibujar la misma manzana durante cien días—, Annie descubre que puede adaptarse a los cambios un latido a la vez."

El otro libro se llama *Azahar y Agustín*, una pequeña novela de terror en verso, que fue escrita por Armando Vega-Gil. Totalmente escrita en cuartetas de versos octosílabos con rima consonante, cuenta la historia de Agustín, un niño imaginativo del cual hacen burla sus compañeros. Su mente alocada hace realidad su deseo: una tormenta que lo destruye todo. Con ayuda de su amiga autista Azahar y de un indio yaqui, tratan de remediar el desaguisado.

En el mismo tenor está el libro *Diente de león*, de María Baranda, en donde se cuenta la vida de Laina, la protagonista principal de este relato en verso. La familia de la pequeña se desintegra debido a las condiciones sociales que la cercan: un padre ausente, una madre que se marcha con sus cuatro hermanos, una abuela que vive con ella sus últimos días, la guerra, la pobreza, la muerte, pero también el amor y la esperanza. Laina hace el viaje simbólico en busca de la tierra prometida. Hay un dejo de ternura entre tanta desolación de una niñez que se sabe en el desamparo. La flor del diente de león metaforiza sus vidas desgarradas por la desventura.

Pico en el aire, escrito por Martine Laffon, es un hermoso poema que se remonta a los mitos de la creación del universo, en este caso, un ave curiosa que al dar picotazos a la oscura noche encuentra al otro lado, en la claridad, al Gran Árbol. Termina esta historia de este modo: *Así es hasta hoy, / Pico en el Aire está siempre cantando en las ramas de Gran Árbol./ En cuanto a los agujeritos de Pico en el Aire,/ estos se quedaron en el cielo./ Los hombres que no conocen esta historia los llaman:/ Luna...*

Los modos de organización toman tantos caminos como la creatividad lo indique. Puede ser por el tipo de poemas: un libro de adivinanzas, otro de letras para cantar, alguno cuyo temática sean los juguetes.

Fernando del Paso lo hizo recreando pregones, refranes y adivinanzas en verso en *¡Hay naranjas y hay limones!* Javier Malpica escribe *Birlibirloque* que es el poemario de una niña bruja y su temática es alusiva al mundo tenebroso, aunque sin maldad de una pequeña hechicera. Gloria Fuertes hace su libro *El abecedario de don Hilario* con un poema por cada una de las letras del alfabeto:

- Piensa en una temática, un enfoque, un punto de vista que le dé unidad a la estructura de tu libro.
- Escribe un título tentativo.
- Haz una lista de temas o títulos probables para los poemas de tu libro.
- Escribe un poema que sirva de entrada a tus textos.

¿Qué es lo que importa, a fin de cuentas, cuando alguien escribe un libro de poemas, especialmente para ese público? Mirar desde los ojos de un niño, imaginar y jugar.

ALGUNAS LECTURAS
RECOMENDADAS

Andricaín, Sergio. *¡Hola!, que me lleva la ola.* Rimas, juegos y versos, Libros del Rincón, Alfaguara Infantil, 2006.

Dahl, Roald. *¡Qué asco de bichos! El cocodrilo enorme,* Ilustraciones de Quentin Blake, Alfaguara Infantil, 2010.

Poemas y canciones, Alfaguara Infantil y Juvenil, Santillana Ediciones Generales S. L., 2007.

Cuentos en verso para niños perversos, Alfaguara Infantil, Santillana Ediciones Generales S. A, de C. V., 2007.

Ferrada, María José. *El idioma secreto,* Ilustraciones de Zuzanna Celej, Faktoría K de Libros, Kalandraka Editora, 2013.

Forchetti, Laura. *Donde nace la noche,* Ilustraciones de María Elina, Faktoría K de Libros, Kalandraka Editora, 2015.

Jacob, Esther. *Versos de a montón. Poemas latinoamericanos para niños,* Terra nova, 1985.

Polo, Eduardo. *Chamario,* Ilustraciones de Arnal Ballester, Prefacio de Eugenio Montejo, Ediciones Ekaré, 2007.

Silverstein, Shel. *Cayendo hacia arriba,* Poemas y dibujos de Shel Silverstein, Traducción de Alberto Jiménez Rioja, Lectorum Publications, Inc, 2012.

Con todo, Poemas y dibujos de Shel Silverstein, Traducción de Georcina Lázaro, Lectorum Publications, Inc, 2011.

Donde el camino se corta. Nuevos poemas para reírse, Traducción de Victoria Alonso Blanco, Ediciones B, Grupo Zeta, 2007.

Walsh, María Elena. *El reino del revés,* Ilustraciones de Nora Hilb, Alfaguara Infantil, 2013.

Zoo loco, Ilustraciones de Silvia Jacoboni, Alfaguara Infantil, 2012.

Acerca del autor

Ramón Iván Suárez Caamal, Calkiní, Campeche, 14 de abril de 1950. Radica en Bacalar, Quintana Roo desde hace más de 40 años. Poeta, estudió para profesor de Educación Primaria en la Normal Rural "Justo Sierra Méndez" de Hecelchakán, Campeche y para maestro de Lengua y Literatura españolas en la Escuela Normal Superior de México. Coordinador de talleres literarios de poesía y cuento para niños y adolescentes. Igualmente impartió el taller "Escribir poesía para niños" diseñado para los escritores que deseen dirigirse a ese segmento de la población.

En 1978 obtuvo una recomendación para la publicación de *Zoo y otras ficciones mínimas* en el concurso a nivel latinoamericano promovido por la revista *La Palabra y El Hombre* de la UV. En 1993 se instituyó el Premio Nacional de Poesía Ramón Iván Suárez Caamal. Ha obtenido más de treinta premios en concursos nacionales de poesía, entre ellos, el Premio Nacional de Poesía Jaime Sabines 1991 por *Pulir el jade* y el Olga Arias 1991 de Durango. Primer lugar en los XII Juegos Florales de San Juan del Río, Querétaro 1992, por *Luz del Deseo Obscuro*. Primer lugar en los XXII Juegos Florales Nacionales de Celaya, Guanajuato 1992, por *Cada vez más silencio*. En 2010 ganó el Premio Hispanoamericano de Poesía para Niños convocado por la Fundación para las Letras Mexicanas y el Fondo de Cultura Económica. En 2011 el Premio Internacional de Poesía para Niños, ciudad de Orihuela, en España con el libro "Palabras para armar tu canto". En 2013 el Premio Nacional de Libro Ilustrado para Niños convocado por el Instituto Literario de Veracruz con el libro "Cuna la medialuna". En 2014 obtiene el galardón del Certamen Internacional de Poesía para Niños "Luna de Aire" convocado por la Universidad de la Mancha en España con el libro "Pregúntale al sol y te dirá la luna". Ha publicado más de 30 libros de poesía para niños y 20 libros de poesía para el lector joven y adulto. De su autoría es "Poesía en Acción", manual para talleres de poesía publicado por ALFAGUARA en 2014 y ahora "Una resortera para las palabras" manual para acercarse a la poesía escrita para y desde la infancia.

www.ingramcontent.com/pod-product-compliance
Lightning Source LLC
Chambersburg PA
CBHW051942090426
42741CB00008B/1235